DESEO
ATRAIGO
RECIBO

MANDALAS, JUEGOS Y ORÁCULOS PARA DESCUBRIR TU CAMINO

Arlette Rothhirsch

encuentro

EL LIBRO MUERE CUANDO LO FOTOCOPIAN

Amigo lector:

La obra que tiene en sus manos es muy valiosa. Su autor vertió en ella conocimientos, experiencia y años de trabajo. El editor ha procurado dar una presentación digna de su contenido y pone su empeño y recursos para difundirla ampliamente, por medio de su red de comercialización.

Cuando usted fotocopia este libro o adquiere una copia "pirata" o fotocopia ilegal del mismo, el autor y editor no perciben lo que les permite recuperar la inversión que han realizado.

La reproducción no autorizada de obras protegidas por el derecho de autor desalienta la creatividad y limita la difusión de la cultura, además de ser un delito.

Si usted necesita un ejemplar del libro y no le es posible conseguirlo, escríbanos o llámenos. Lo atenderemos con gusto.

Editorial Pax México

Título de la obra: *DESEO ATRAIGO RECIBO Mandalas, juegos y oráculos para descubrir tu camino*

Coordinación editorial: Gilda Moreno Manzur
Diagramación: Abigail Velasco
Portada: Víctor Gally

© 2018 Editorial Pax México, Librería Carlos Cesarman, S.A.
Av. Cuauhtémoc 1430
Col. Santa Cruz Atoyac
México DF 03310
Tel. 5605 7677
Fax 5605 7600
www.editorialpax.com

Primera edición
ISBN 978-607-9472-35-1
Reservados todos los derechos
Impreso en México / Printed in Mexico

Jorge:
Nuestro deseo ha sido volver
a encontrarnos y evolucionar juntos.
Y aquí vamos...
Mi agradecimiento a todos los seres
de la Tierra y del Universo
que me apoyan para realizar mi labor.
Cristián, los guías hacen que nos reunamos
una vez más
para rediseñar este libro,
mil gracias nuevamente.

Índice

Presentación

Esta nueva versión del *Libro de los deseos: un oráculo para comprender a dónde voy como ser humano* (publicado por la ahora desaparecida Editorial Alamah en 2008), surge a sugerencia de mis alumnos, pacientes, lectores y amigos interesados en el tema.

En el tiempo transcurrido ha evolucionado la manera de explicar la elaboración, petición y realización de los deseos, así como la posibilidad de enfocar correctamente la voluntad personal para que se materialicen. Por ello decidimos entregar en esta nueva edición un texto más sencillo y profundo, con ejercicios, preguntas y respuestas más claras para ti, que quieres llevar a cabo un trabajo interior, y buscas a la vez lograr tus objetivos, tus sueños y la simplificación de tu vida.

Arlette Rothhirsch

Acerca de la autora

Sanadora y médico de cuerpos y almas, receptora del conocimiento del Universo a través de la canalización oral y escrita, Arlette Rothhirsch es vidente y telépata con los animales y la Naturaleza.

Dedica su vida a la investigación sobre las diversas formas del crecimiento de la conciencia y el desarrollo de la inteligencia, así como a transmitir sus conocimientos mediante cursos, conferencias y talleres.

Libros publicados

- *Mensajes al corazón, un encuentro con la sabiduría de los ángeles*, Editorial Pax México, 2001.

- *El libro de los deseos, un oráculo para comprender a dónde voy como ser humano*, Editorial Alamah, México, 2008.

- *Sanando cuerpo y espíritu con las virtudes de los ángeles, tus manos y tu voz*, Editorial Pax, México, Encuentro, 2010.

- *La respuesta del Universo, el despertar de tu interior a la energía que te rodea*, Editorial Pax, Encuentro, México, 2010.

- *Aprender a vivir bien en la Tierra con la Magia del número 7*, Editorial Pax, Encuentro, México, 2013.

- *Aprender a vivir bien en la Tierra con el Recetario de las medicinas del Universo*, Editorial Pax, Encuentro, México, 2015.

Contacto con Arlette Rothhirsch:

www.sabiduriadeluniverso.com

Facebook: Arlette Rothhirsch

Facebook: Sabiduría del Universo

Introducción

El deseo es el motor del hombre.
Sólo quien sabe dónde está sabe a dónde ir.

A lo largo de la vida, es posible que tus deseos parezcan traicionarte. Aquello que deseabas con ansia se vuelve una carga o no resulta ser lo que esperabas; albergas sueños que nunca se cumplen, por lo que sientes que son una asignatura pendiente, una frustración. De pronto, en algún momento, te das cuenta de que vives como no querías hacerlo y te preguntas: ¿Por qué sucede esto? ¿Qué pasa dentro de mí que me impide resolver mi vida? En resumen, ¿qué he hecho mal?

En principio, nada has hecho mal; más bien, no has podido enfocar y centrar tus necesidades. Para conseguirlo, las filosofías orientales sugieren dejar el cuerpo libre de deseos, para así poder sembrar en un terreno limpio y fértil lo que es genuinamente necesario para el ser. Por su parte, las tendencias occidentales sostienen que al desear en forma positiva el universo te entregará todo como por arte de magia; esta forma de pensar no es del todo acertada pues, en ocasiones, por más entusiasmo que aportes, lo que anhelas no se realiza.

Con el apoyo siempre paciente de mi guía, se elaboró este libro de los deseos, en el cual podrás revisar cómo y desde dónde se originan tus necesidades. Esto es: si forman parte de tu ser, si se basan únicamente en la razón, si son repercusiones de vidas pasadas, o si han sido impuestas por la sociedad o por tus padres. La clave para llevar los deseos a buen término tiene que ver con la voluntad, es decir, con la energía que apliques para alcanzar o no tus propósitos.

Con el fin de facilitar este trabajo me fue entregado un oráculo que integra tanto la cualidad del deseo como las diferentes opciones para que la voluntad pueda manifestarlo. En la Parte 3 de este libro encontrarás los juegos o lecturas por realizar con este oráculo, que estoy segura de que te serán muy útiles.

Sabemos quiénes somos cuando tenemos claro qué hacemos para lograr lo que queremos. Nuestros deseos son reflejo de lo que esperamos de la vida, de nuestros seres queridos y de nosotros mismos. Por tanto, el hecho de desear es una manera de construir nuestro camino en la vida.

La diferencia entre lo que se desea y lo que nos enseñaron que debemos desear, es la diferencia entre ser quienes realmente somos y ser lo que otros quieren que seamos. A veces, ambas clases de deseos coinciden y todo parece estar bien, aunque no siempre es así.

Al aceptar decisiones o imposiciones de los demás perdemos la libertad de ser y el amor a nosotros mismos: asumimos ideas equivocadas y descuidamos nuestra esencia.

Al igual que sucede con la libertad, el amor no es un valor que se gana o por el que pueda pelearse: es un derecho inalienable a la esencia del ser. Todos los seres son libres y capaces de ser amorosos y de recibir amor. La libertad sólo se esfuma cuando alguien decide perderla. Incluso la libertad de aquel a quien encierran o atan prevalece, porque ni la mente ni el espíritu dejan jamás de ser libres.

La idea es una manifestación de nuestra concepción del mundo y si esta es errónea, podemos convencernos y adoptar ideas equivocadas.

Las ideas provocan emociones. Las emociones son manifestaciones de energía. ¿A dónde se dirige esa energía? ¿Hacia emociones que construyen, liberan, crean, enfrentan verdades? O bien, ¿hacia emociones que destruyen, atan, anulan? Todo depende de qué idea te haya convencido. En muchos casos, las ideas determinan el que seas o no como en verdad quieres ser.

Por último, el ser humano encuentra su esencia en el momento en que es capaz de reconocer el deseo primario, y junto con este, la misión que ha venido a cumplir en su vida.

Tu esencia es la capacidad que tienes de entrar en contacto contigo mismo, y en muchos casos la determina el elemento al que perteneces por nacimiento. Sabrás cuán cerca o cuán lejos estás de contactar con tu esencia si sigues las máximas del cuadro de abajo.

TIERRA (Tauro, Virgo, Capricornio)
Recuerda que tu misión se relaciona con construir, disfrutar, aprender a vivir en el mundo, comprender, perdonar y sanar.

AGUA (Cáncer, Escorpión, Piscis)
Recuerda que tu misión se relaciona con limpiar las emociones, explorar y entender tu mundo interior, ver y aceptar la verdad y desarrollar tu sabiduría.

AIRE (Géminis, Libra, Acuario)
Recuerda que tu misión se relaciona con amar, utilizar tus dones y tu conocimiento, entregar, crear, ser libre, compartir y comunicar.

FUEGO (Aries, Leo, Sagitario)
Recuerda que tu misión se relaciona principalmente con vencer las pasiones humanas, con transformar, con desarrollar tus poderes, así como con perdonar y purificar.

¿En qué mundo vivimos y qué tipo de vida tienes cuando traicionas tu esencia?

Quien se traiciona se condena, incluso durante cientos de vidas, a vivir sin rumbo o a buscar una misión equivocada. Luchamos por nuestros "verdaderos" deseos, sin darnos cuenta de que en realidad estamos satisfaciendo los deseos de otros.

No traicionarse a sí mismo es el deber elemental del ser humano. Sin la conciencia de quién eres, de tus poderes, de lo que mereces y de lo que es tu responsabilidad, no podrás encontrar tu esencia. Una persona sin amor, sin libertad, sin verdad y sin entusiasmo no tiene manera de construir su existencia.

Al igual que sucede en la naturaleza y en el cielo, lo efímero es lo que da cauce al mundo, lo que vuelve todo espontáneo y real porque es irrepetible. Jamás llegará el mismo viento a las mismas hojas, jamás pasará la misma agua por el río, jamás serán las mismas piedras las que forman las grutas, jamás será el mismo fuego el que ilumine la fogata. Y, al igual que las estrellas y los árboles, los seres humanos tenemos derecho a existir, a estar aquí, a amar y a ser amados.

Arlette Rothhirsch
Tepoztlán, Morelos

PARTE 1

¿QUIÉN SOY?

Cada uno de los mandalas que presentamos en estas secciones ha sido diseñado para que descanses e interiorices con amabilidad los textos y cuestionarios.

Colorea el mandala y disfruta estos momentos en serenidad.

1. ¿Cómo saber quién soy?

LA ESENCIA INDIVIDUAL

El ser humano es quien quiere ser cuando su esencia se encuentra con sus aspiraciones; su esencia consiste en pertenecer a su elemento y conocer sus deseos. Ser quien uno quiere ser es la única misión real de los humanos; las demás son misiones adquiridas o creadas en algún momento.

Sin entender quién eres, no sabrás a dónde vas ni qué puedes encontrar en tu camino.

Para saber y entender quién eres, es necesario explorar la naturaleza individual. Esta actividad implica un ejercicio de todos los días; es un proceso de descubrimiento y creatividad que aporta grandes beneficios, a pesar de las dificultades que encares.

Algunos de estos beneficios son amarte y amar a otros, entenderte y comprender a los demás, vivir en armonía, contar con herramientas para enfrentar retos y resolver problemas, así como adquirir claridad de lo que sucede contigo y con el entorno.

Encontrar la esencia personal implica reconocer el poder, y este, al igual que la libertad, reside en tu interior. Descubre este don dentro de ti.

Para alcanzar estas enseñanzas requerirás reconocer tus capacidades y poderes interiores, permitiendo así que tu libertad se revele y se ejerza para beneficio tuyo y del mundo, en nombre de la sabiduría y de la justicia.

Dilucidar tu verdadero deseo parte de la necesidad esencial de reconocer cuáles han sido los deseos aprendidos por imposición familiar o social, y cuáles son los que te llevan a cumplir tu misión; así podrás entender y crecer en una nueva experiencia de vida.

Lo que *importa* es saber quién eres; lo que *interesa* es saber qué quieres y a dónde vas; lo que *trasciende* es saber cuál es tu misión y cumplirla con alegría.

Los capítulos de esta Parte 1 del libro tienen el propósito de acompañarte en tu proceso y brindarte herramientas para conocerte. Te invitamos a que leas y trabajes los ejercicios propuestos.

NOTA IMPORTANTE: todos los ejercicios están diseñados para que *tú y solo tú* los resuelvas. No estás presentando un examen en la escuela ni necesitas buscar la aprobación de *nadie*. Se trata de un trabajo de realización personal y de crecimiento interior.
Aprovéchalo.

⚷ EJERCICIO

¿Cómo saber quién soy?

Al realizar estos ejercicios, toma en cuenta que no hay una respuesta única o correcta; por consiguiente, regálate la oportunidad de responder desde diferentes perspectivas o en distintas maneras, pero siempre con honestidad.

En los espacios, contesta las preguntas siguientes.

¿Cuál es mi signo? ¿Cuáles son sus características?

¿Cuál es mi elemento? ¿Cuáles son sus características?

¿Cuál es mi misión en la vida (dónde me siento realizado y feliz)?

¿Qué me interesa de la vida?

¿Qué valores aprecio más?

¿Cuál es mi forma de actuar ante los problemas? ¿Y ante los logros?

¿Cuál es mi manera de pensar?

¿Cuáles son los estados de ánimo más recurrentes en mi vida?

Al responder, permítete integrar tus emociones y tus ideas; así construirás de manera paulatina una imagen personal más cercana a tu esencia. Reflexiona en torno a estas preguntas en diferentes momentos del día y percátate de tus cambios internos. Recuerda que la esencia de una persona no es estática; es un conjunto de elementos en movimiento en los que intervienen las emociones, las ideas, las actitudes, los deseos, las experiencias, la conciencia y los cambios externos.

LOS ELEMENTOS DE LA NATURALEZA Y LA ESENCIA DE TU SER

Según tu fecha de nacimiento, tu esencia humana pertenece a un elemento (Tierra, Agua, Fuego o Aire), el cual influye en tu manera de ser, así como en tus poderes, tus deseos y tu misión.

En el Cuadro 1.1 se presenta la correspondencia de los cuatro elementos de la naturaleza y los 12 signos zodiacales.

Cuadro 1.1 Correspondencia elementos-signos

Elemento	Signo	
Tierra	Tauro (21 de abril- 20 de mayo)	♉
	Virgo (22 de agosto-22 de septiembre)	♍
	Capricornio (21 de diciembre-19 de enero)	♑
Agua	Cáncer (21 de junio-20 de julio)	♋
	Escorpión (23 de octubre-22 de noviembre)	♏
	Piscis (19 de febrero-20 de marzo)	♓
Fuego	Aries (21 de marzo-20 de abril)	♈
	Leo (21 de julio-21 de agosto)	♌
	Sagitario (23 de noviembre-20 de diciembre)	♐
Aire	Géminis (21 de mayo-20 de junio)	♊
	Libra (23 de septiembre-22 de octubre)	♎
	Acuario (20 de enero-18 de febrero)	♒

Tierra: características

*Soy la madre de las madres, principio y fin. Soy circular porque soy
cíclica, porque soy eterna, porque no tengo principio ni fin.
Soy estable porque en mí habitan todos los elementos,
soy móvil porque vivo en el Universo y los modifico.
Soy descanso, vida, paz y tranquilidad.
Mi fuerza radica en la paciencia y en la tenacidad.
Mi debilidad, en la lentitud, en la indecisión, aunque esta también
sea una manera de aprender.*

Cualidades y aspectos constructivos: responsabilidad, estabilidad,
cuidado en la vida cotidiana, practicidad, humildad, paciencia,
generosidad, serenidad y construcción.

Aspectos problemáticos: lentitud, terquedad, estancamiento, ambición,
avaricia, falta de aventura o decisión, rigidez y obsesión.

Agua: características

*Soy la verdad y no puedo guiarme a mí misma excepto cuando soy
capaz de cambiar de estado, porque la verdad también puede ser
cambiante aunque su esencia nunca se transforma. He sido vapor
y hielo. La verdad sigue el mismo proceso: fluir. Quedarse en un
remanso solo tiene por objeto ser capaz de estudiar y aprender la
sabiduría, que es la finalidad de todos los ríos. El movimiento es la
finalidad de todos los mares.*

Cualidades y aspectos constructivos: entendimiento, intuición, empatía, claridad, verdad, movilidad, adaptabilidad, sutileza y facilidad
para percibir el entorno y a los demás.

Aspectos problemáticos: falta de límites (propios o de otras personas),
evasión, negación, inestabilidad emocional, manipulación, pasividad,
desconfianza y dependencia.

Fuego: características

Soy poder, porque poder es conciencia. Soy capaz de ser eficiente y, por tanto, congruente conmigo mismo. Ansía poder quien no lo tiene; quien lo tiene, sabe lo que desea. Poder implica saber tenerlo y manejarlo, pero también entender a los que no lo tienen, donarlo, compartirlo. Soy poder porque la vida es poder, porque saber es poder, crecer es poder, ser y hacer son poder.

Cualidades y aspectos constructivos: entusiasmo, alegría, poder, aventura, purificación, perdón, ternura, carisma, valentía, determinación, inventiva y transformación.

Aspectos problemáticos: dispersión energética, intensidad emocional injustificada, agresividad, mal humor, irracionalidad, tosquedad, impaciencia, egoísmo y rencor.

Aire: características

Soy amor, la virtud que no puede quedarse estática en una persona y debe contener todo, profundizar todo, estar en todo. Soy libertad, una virtud que le pertenece a todos los hombres, en todos sus estados y situaciones. Soy libertad, como lo es respirar y amar –aquello que no pueden arrancarme, robarme ni quitarme–, y es una decisión tenerla o no. Soy necesario para vivir, porque para vivir se necesita ser libre y ser amado. Somos de aire cuando sabemos que esas virtudes nos conforman, nos construyen y podemos compartirlas.

Cualidades y aspectos constructivos: comunicación, creatividad, amor, buen humor, diplomacia, libertad, belleza, inteligencia, armonía, creatividad, inspiración, compasión y desapego.

Aspectos problemáticos: frialdad, falta de compromiso, inestabilidad, distracción, perfeccionismo, falta de practicidad, poca profundidad emotiva y extravagancia.

⚷ EJERCICIO

Explorar el elemento de nuestra esencia

El propósito de este ejercicio es que te conozcas por medio de la confrontación entre lo que percibes de ti mismo y la naturaleza del elemento al que perteneces. Para ello, conviene que te plantees las siguientes preguntas. Al responder, no te juzgues ni te castigues si descubres que no eres perfecto. Nadie lo es.

¿Cuán cercano o alejado me siento de mi elemento?

¿Por qué?

¿Qué me gusta de mi elemento?

¿Qué me disgusta? ¿Lo escondo o lo compenso de alguna manera?

Por lo general, cuando una persona no se identifica con su elemento, se debe a que ha adoptado conductas e ideas ajenas que considera más importantes por diversos factores: la aceptación de familiares o de la sociedad, la creencia de que hay aspectos reprobables de la propia personalidad, o la falsa idea de que se es mejor si se es diferente a como uno realmente es.

Colorea el mandala y disfruta estos momentos en serenidad.

2. Proceso de conciencia

Lo primero es la conciencia. Sin ella no habrá amor,
ni salud, ni dinero que nos haga felices.

¿POR QUÉ INICIAR UN TRABAJO DE CONCIENCIA?

Un trabajo de este tipo se emprende para encontrar un estado de vida saludable, para no padecer y para dejar de vivir en un cuerpo triste.

El trabajo de conciencia es el único que libera. No hay acción política, entidad, beneficio material, cambio de país o de gobierno o variación en la economía, que libere al ser humano. Sólo la conciencia. ¿Por qué? Porque la libertad no es un don que se otorgue, es un don que se reconoce y el primero que tiene que reconocerlo eres tú mismo. Al igual que la ley de la gravedad o todas las leyes que rigen el universo, esta no se inventa sino que se descubre; las personas no conquistan su libertad: la disfrutan.

Un proceso de conciencia significa no solo darte cuenta de los deseos que puedes generar, sino también realizarlos y aceptar cualquier consecuencia que emane de tus acciones. Podríamos definirlo como un comportamiento realmente adulto que te permitirá establecer relaciones más sanas y llevar una vida más fructífera.

Evidentemente, eso implica un enorme esfuerzo interior y una actitud diferente ante la vida; no depender de otros ni hacer que otros dependan de ti; ser capaz de establecer relaciones de igual a igual; ser capaz de llevar a cabo un proyecto de vida personal autónomo y relacionado con tu satisfacción en todos los sentidos: sentimental, económico, intelectual, etcétera.

INICIO DEL TRABAJO DE CONCIENCIA

En este proceso aprendes a amarte a ti mismo y a los demás; gracias a ese amor serás capaz de ejercer tu libertad y de permitir que los demás ejerzan la suya.

Ahora bien, el proceso de conciencia no es lineal; es decir, no se basa en pasos consecutivos que, una vez logrados, puedan dejar de trabajarse. Se trata de una labor que requiere recurrir a determinadas actividades o reflexiones y, a medida que se descubran aspectos personales, confrontar situaciones para lograr un deseo.

Aspectos de este trabajo

- Purificación de la energía: permite eliminar lo que te estorba para ser quien eres y para entender tu entorno.

- Cuestionamiento para desarrollar la conciencia: te planteas preguntas que reflejen tu naturaleza y ayuden a reconocer los aspectos que necesitas trabajar.

- Proceso de perdón: es una manera de reconciliarte contigo y con los demás; así es posible avanzar en el trayecto personal sin cargas y sin culpas.

En los siguientes apartados, estudiaremos cada uno de estos puntos con más detalle.

PROCESO DE PURIFICACIÓN DE LA ENERGÍA

El primer paso para entender y cambiar o confirmar lo que deseas es la purificación energética. Para ello requieres tener claras las consecuencias de tus acciones y cómo éstas se manifiestan en tu energía.

Las siguientes listas explican cómo algunas acciones tienen el efecto de ensuciar, limpiar o equilibrar nuestra energía.

¿Qué ensucia la energía?

Tu energía es preciosa y única. Cuidarla y mantenerla en sana circulación es tu responsabilidad, al igual que mantener tu cuerpo físico limpio y sano. Tú eres tu primera responsabilidad.

Qué evitar porque ensucia la energía

- *Las emociones reprimidas.* Al reprimirlas creas deseos de los que no eres consciente y que suelen ir en tu contra (por estallidos violentos o sintomatología diversa).

- *Los pensamientos negativos.* El odio, la venganza o la culpa crean deseos autodestructivos en tu interior o detienen el flujo de tu energía.

- *Acciones opuestas a nuestros deseos.* Es lo primero que ocasiona emociones reprimidas, la primera traición que uno se hace a sí mismo.

- *Heridas y enfermedades físicas.* Cambian tu flujo energético corporal, el cual no se restablece en tanto no sane por completo una herida o una enfermedad.

- *Compañía de personas negativas.* Estas te contagian su pesimismo y te acercan a ideas equivocadas. De hecho, hay algunas personas cuya compañía te agota, pues usan más la energía de otros que la propia. Quienes sufren melancolía, enfermedades crónicas o ideas inamovibles (políticas, sociales o morales) pueden modificar las formas de pensamiento positivo en otros y acercarlos a relaciones enfermizas.

- *Frecuentar lugares con energía negativa.* Las cárceles, clínicas, hospitales o lugares que albergaron a personas con dolor, pueden afectar enormemente tu equilibrio energético.

- *Sexo no placentero o con culpa.* Por lo general provoca emociones negativas y, en muchos casos, inconfesables. Propicia una imagen infravalorada del ser humano y establece desconfianza interna en el propio ser.

- *Prácticas de magia negra.* Su influencia no se debe tanto al poder que puedan tener, sino a que a menudo se relacionan con emociones negativas como la venganza y la ira.

- *Relaciones enfermizas.* Propiciar o conservar relaciones en las que predomine la ira, los celos o la manipulación saca a relucir lo peor de ti y de quienes te rodean.

- *No cuidarnos por ayudar a otros.* Curar o ayudar a otros cuando tu energía está debilitada, o hacer cosas por otros que impliquen ir en tu contra, es un error que demuestra baja autoestima y necesidad de manipular a otros. De forma consciente o inconsciente, todos cobramos lo que damos.

- *Vivir en un medio ambiente contaminado.* La energía de lo que te rodea te afecta mucho más de lo que percibes; por eso los lugares contaminados te enferman físicamente. La enfermedad física siempre es un reflejo de las contradicciones internas.

- *Alimentación no natural.* La carne vieja o la carne y las verduras enlatadas, la comida industrializada o la comida chatarra están tan procesadas que no conservan sus nutrientes reales ni su energía vital.

- *Neurosis.* Consecuencia de la falta de contacto entre el ser y su interior, provoca un cúmulo de emociones negativas. Deforma la visión de la realidad porque da importancia a cosas intrascendentes.

- *Vanidad y soberbia.* Manifiestan la falta de autoestima y amor por uno mismo.

- *Terquedad al aferrarnos a patrones inútiles.* No aceptar ni propiciar los cambios estanca tu energía e impide que la vida siga su curso. El cambio, por más miedo que provoque en nosotros, es inevitable y una maravillosa manifestación de la vida.

- *Deseos insatisfechos.* Si los deseos te molestan, eso significa que no estás cumpliendo con tu misión en la Tierra. Lamentarte por no haberlos cumplido es muestra de nuestra capacidad para manipular a los demás y para autosabotearte.

- *Pelear con la vida al no aceptar las cosas tal como son.* Para poder cambiar las cosas primero hay que tener una idea realista de su estado. No es posible cambiar una situación o resolver un problema si no se acepta que existe, como tampoco se puede vivir en una actitud combativa ante un supuesto destino.

¿Qué limpia la energía?

Limpiar tu energía significa acercarla a un equilibrio que te permita trabajar sin afectar tu cuerpo físico. El equilibrio absoluto no es factible porque somos seres en cambio constante, pero sí podemos acercarnos a él. Ayudarte a mejorar en el aspecto energético repercute, en primer lugar, en la salud de tu cuerpo físico y, en segundo, en la capacidad de pensar con mayor sensatez sobre tus conflictos y problemas.

Deberás limpiar la energía cuando haya enfermedades, accidentes o asaltos, cuando la violencia forme parte de tu vida y cuando estés atrapado en emociones como tristeza, dolor o resentimiento. Asimismo, procura limpiarla cuando hayas tenido contacto con la muerte o la enfermedad, cuando no te sientas a gusto contigo mismo, con tu vida o con tu casa y, sobre todo, cuando hayas terminado una relación laboral, amorosa o amistosa de forma violenta o desagradable.

Entender la problemática de la emoción humana puede ser tarea de toda una vida, aunque eso no significa que sea imposible; lo importante es hacerlo a tiempo.

Pongamos como ejemplo el tema del huevo de la serpiente. Un huevo de serpiente es transparente y en su interior se ve al reptil que después quedará perfectamente formado. La diferencia entre el reptil ya nacido y el que está resguardado, es que el primero puede atacar, y el que está en el interior del cascarón es controlable y vulnerable. Cuando la serpiente ya creció y te ataca no tienes muchas opciones, pero si rompes el huevo mientras el reptil es inofensivo, acabarás con el problema antes de que sea incontrolable.

Las emociones negativas deben liberarse, pero también controlarse para que no agredan a otras personas o al entorno. Si las liberas cada día y con medida, te será posible encontrar la manera más acertada de expresarlas y aprender a ser consciente de su origen. Eso te facilitará la ruta para resolver tus problemas con mayor sencillez y profundidad.

Qué hacer cotidianamente para limpiar la energía

- *Expresar las emociones y liberarlas.* Significa ser capaz de hablar, pintar, esculpir, escribir, bailar o expresar de cualquier otra forma aquello que está retenido en tu inconsciente. No hacerlo puede ser molesto y peligroso para tu entorno. Para ello cuentas con terapias físicas como el yoga, el ayurveda o el tai chi; todas ellas son herramientas muy útiles. Asimismo, todas las artes son liberadoras de emociones, por eso es recomendable que los niños tengan la oportunidad de desarrollarlas durante su crecimiento, aunque sin imposición. Sabrás que has liberado una emoción cuando sientas que algo ha cambiado en ti. Podrás decir que lograste una sensación de paz interior.

- *Pensamientos positivos.* Los pensamientos emanan energía, misma que puedes acrecentar o disminuir si te concentras. Los pensamientos positivos crean actitudes positivas y, por consiguiente, mejoran tu postura ante la vida. No es que atraigas acontecimientos positivos, es que los generas con este tipo de actitudes.

- *Risa y generosidad.* Son acciones que liberan emociones de manera positiva y permiten cambiar tu actitud ante los problemas. Cuando eres capaz de reírte de estos, los ves desde otro ángulo o les das su verdadera perspectiva. Cuando eres capaz de compartir o de ayudar a otros, cambias tu perspectiva de ti mismo y con ello modificas tu actitud vital. La risa provoca reacciones físicas porque mueve el diafragma que está conectado con las emociones atrapadas en el estómago, los riñones, el hígado, la vesícula biliar, el bazo y el páncreas: todos ellos órganos y glándulas purificadores del cuerpo. Estos hacen la gran diferencia entre lo que puede alimentarte sanamente o envenenarte. El movimiento del diafragma permite que se liberen todas las emociones ubicadas en esta zona. Un ejemplo de la vida cotidiana: un niño que es obligado a comer los guisados de la madre, que tiene que quedarse sentado a la mesa y terminar un platillo que no quiere, que no desea, está ingiriendo veneno puro hecho de rencores y cocinado por su madre. Todo eso se almacena en el estómago y, de forma maravillosa, el reír lo libera.

- *Relacionarse con gente positiva.* La auténtica razón por la que los seres humanos deciden reencarnar en la Tierra es la retroalimentación con otros humanos. Esto tiene una explicación: las relaciones humanas te ayudan a encontrar caminos para tus preguntas, te alimentan de experiencias enriquecedoras y te permiten compartir tus dudas. Los amigos que no te juzgan ni te critican, los amantes con capacidad de escuchar, los maestros que te enseñan a encontrar tus propias respuestas, son algunos ejemplos de este tipo de asociaciones que te enriquecen tanto como para decidir volver a la vida una y otra vez.

- *Frecuentar lugares con energía positiva.* Entrar en contacto con la naturaleza o visitar lugares con templos antiguos o centros de gran poder energético, ayuda a restablecer el equilibrio y, en muchos casos, recarga la energía del cuerpo. El contacto con el mar renueva, el contacto con los bosques equilibra, el contacto con las montañas o estrellas engrandece.

- *Sexo satisfactorio.* Ninguna actividad que desarrolle el individuo es tan poderosa como el ejercicio de su sexualidad. Por ello sus repercusiones en la energía humana pueden ser tan definitivas, para bien o para mal. Hablamos de la energía primigenia del ser humano, la más cercana a nuestros instintos, a nuestra parte animal. El sexo agradable y satisfactorio te anima y pone en movimiento tu energía.

- *Recibir curaciones y bendiciones.* Dependiendo del poder de quienes las otorguen y de la apertura del recepto, estas acciones ayudan a acrecentar tus conocimientos y tu paz interior, sobre todo si crees en ellas.

- *Practicar un camino espiritual.* No significa forzosamente seguir un rito religioso, sino conectarte más contigo y con tu ser esencial. Este es el principio de la conciencia.

- *Vivir en un lugar limpio y ordenado.* El orden y el aseo te dan una visión más clara de tu ser y de tu entorno; disfrutar de tu casa es tan importante como disfrutar de tu cuerpo. Te ayuda a clarificar y, con ello, a limpiarte de ideas equivocadas o contradictorias.

- *Consumir alimentos con energía fresca y limpia.* Cualquier producto natural, como verduras, frutas, leche fresca, miel o cualquier producto poco procesado, está más cerca de su energía primigenia; al alimentarte con él, te nutres con su esencia de origen.

¿Qué equilibra la energía?

Equilibrar la energía es establecer un contacto equitativo con lo mejor y lo peor de ti mismo. Es importante estar consciente de ello para ser capaz de amarte tal como eres.

Es necesario equilibrar la energía cuando padeces irregularidades muy marcadas en tu estado de ánimo y desajustes en tu fuerza física, cuando parece que todo va mal o cuando simplemente buscas soluciones a tu vida cotidiana.

Qué hacer cotidianamente para equilibrar la energía

- *Frecuentar lugares con energía en movimiento.* Los ríos, las cascadas o el mar son sitios con energía renovadora. Además, ayudan a equilibrar tu mente y tus emociones, facilitándote el meditar sobre tus actos o ideas.
- *Sexo con orgasmos poderosos.* La energía sexual es la más poderosa en el cuerpo humano, de ahí que tu expresión más plena equilibre el flujo de energía positiva y negativa de tu ser.
- *Realizar actividades que requieran utilizar los dos hemisferios cerebrales.* Pintar, tocar instrumentos musicales, resolver problemas matemáticos, escribir, entre otras, son actividades que requieren usar los dos hemisferios cerebrales; en consecuencia, equilibran la parte emocional y racional del ser de manera amena y liberadora.
- *Actuar de acuerdo con nuestros deseos.* Permite no acumular energía negativa e innecesaria y estar más de acuerdo con la

esencia de tu ser. Comer o dormir cuando el cuerpo físico lo exige y no forzarlo a horarios preestablecidos, ayuda a que tu energía se equilibre.

- *No dejar asuntos pendientes con los demás.* Tener en claro tus relaciones con los demás te ayuda a liberarte de culpas y de ideas equivocadas, y a apoyar a otros a hacer lo mismo. Con esto se alcanza más paz interior. Cuando la solución de asuntos anteriores no depende de tu voluntad sino de la de otra persona, es bueno resolverlo contigo mismo y meditar sobre el asunto hasta sentirte tranquilo. El juego de tenis termina cuando alguien baja la raqueta. Si dejas de alimentar la relación con energía negativa, las cosas cambiarán, aunque sea poco a poco o aunque sea sólo de tu parte. Es importante dejar a los demás tomar sus decisiones y respetarlas (recuerda siempre que dispones del libre albedrío).

¿Qué fortalece la energía?

Fortalecer tu energía significa sanarla, ejercitarla y alimentarla. Es necesario saber hacia dónde trabajarás: ¿hacia el amor? o ¿hacia la ira? Resulta claro que en un camino de conciencia se intenta dirigirla hacia algo positivo.

Se sugiere que fortalezcas tu energía sobre todo en circunstancias como las siguientes: cuando estés permanentemente cansado, cuando tengas trastornos del sueño o de la alimentación, o bien, inapetencia sexual o desidia.

Qué hacer cotidianamente para fortalecer la energía

- *Ejercicio físico.* No hay que aspirar a ser un deportista consumado. Lo que se requiere es que tu cuerpo funcione como lo deseas.

- *El placer en todas sus formas.* El placer reconcilia al ser humano con su entorno. Ayuda a valorar la realidad y la vida. Es una necesidad tan importante como la alimentación, la educación o la libertad.

- *El camino espiritual.* Estar en contacto contigo no sólo te hace conocerte mejor y, por tanto, aceptarte y amarte, sino que te reconcilia con tu ser y te ayuda a encontrar la paz interior.

- *Enfrentar el dolor con valor y entendimiento.* Huir del dolor o negarlo conduce a ideas equivocadas y a una valoración irreal (consciente o inconsciente) de tu persona. El dolor es parte de la vida; lo importante no es sentirlo o no, sino la actitud que adoptes frente a él: cómo lo enfrentas, cómo lo curas y qué aprendes por medio de él.

- *Compartir el dolor ajeno.* Es una manera de tomar una perspectiva más realista de tus problemas. Entiende que no eres el elegido por el cosmos para cargar con todas las desgracias; estas y las alegrías se distribuyen equitativamente entre todos.

- *Desprenderse de lo innecesario.* Es una forma de desapego que permite que la vida se renueve. Te ayuda a deshacerte de esquemas que ya no funcionan y, por tanto, a buscar el nuevo equilibrio en lo que aprenderás. Es la búsqueda del balance entre lo que llega y lo que se va de tu vida. Conviene limpiar las pertenencias (papeles, ropa y otros), tanto en la casa como en el lugar de trabajo, al menos una vez al año.

¿Qué desarrolla la energía?

Desarrollar la energía implica, por supuesto, estar dispuesto a enfrentarla, pero también a usarla con mayor eficiencia. Exige aprender a entender el universo interno y externo de nuestra vida y aprovechar las herramientas con que cuentes para vivir.

La energía se desarrolla cuando estás dispuesto a entender y a cumplir tu misión en la vida, cuando quieres aprender y necesitas explicarte el universo o la conducta humana.

Qué hacer cotidianamente para desarrollar la energía

- *Aprender a perdonar y a olvidar.* Es importante recalcar que el proceso de perdón es uno de los más complejos e imprescindibles que un ser humano puede desarrollar. Resulta básico porque sin él ningún proceso de conciencia tiene lugar. Por más difícil y doloroso que parezca, siempre será más fácil perdonar que vivir con rencor e ira. Difícilmente lograrás un estado de paz interior o de contacto con el ser si no aprendes a perdonar. Es benéfico porque ayuda a liberar y descargar emociones negativas, y a obtener un enorme aprendizaje sobre la naturaleza humana.

   Dada su importancia, en la Parte 3 abordamos con más detalle el tema y proponemos un ejercicio relacionado.

- *Comprender la naturaleza humana.* La capacidad de comprender a otros te ayuda a comprenderte. Te enseña la manera como funcionan los seres humanos y las ideas maravillosas que pueden concebir y construir. Dentro de este punto, las actividades artísticas son fundamentales por ser formas de enseñanza que no se imparten en las escuelas. En tanto que la familia te educa para convivir en el medio social y la escuela para sobrevivir en el laboral, las artes y el estudio de la naturaleza humana sirven para resolver tus problemas existenciales. No te dan fórmulas o lecciones determinadas para ello; más bien, te enseñan opciones y acercan a tu interior para encontrar respuestas.

- *El proceso amoroso.* Ninguna virtud es más poderosa que el amor. El proceso amoroso consiste en abrir tu existencia a la experiencia de amarte y de amar a otros. Evidentemente, esto te acerca, más que cualquier otra cosa, a la sabiduría y, a la vez, desarrolla los poderes que posees como ser humano y que, en su mayoría, desconoces.

- *El estudio y la comprensión del universo vivo.* Es uno de los factores que más desarrolla la energía. La convivencia con otros seres vivos, como los animales y las plantas, desarrolla tu capacidad comunicativa, intuición y capacidad de amar. Todo estudio científico, por limitado que sea, te acerca a la manera como funciona el universo. Te ofrece una idea de tu verdadera dimensión y te permite relacionarte con tu entorno con más sabiduría.

Cuestionamiento para desarrollar la conciencia

Para iniciar este proceso de conciencia es necesario que te preguntes, entre otras cosas: ¿quién soy?, ¿qué ocurre en mi vida?, ¿qué puedo hacer?

Querer entender qué ocurre con tu vida es el principio de una serie de preguntas que todo ser humano tendrá que responder en algún momento. Y es evidente que cada caso específico variará tanto en cuanto al tipo de cuestionamiento como a las respuestas que pueda encontrar.

Este es el inicio de una búsqueda enorme que te pondrá en movimiento. Podrás actuar sin esperar más que la vida, el más allá u otros resuelvan tu existencia.

Las preguntas te obligan a moverte y a actuar, aunque no sea físicamente, para obtener una visión distinta de ti mismo.

Estas preguntas pueden generar malestar, dolor, ansiedad o ira en contra tuya; ese es el camino que no debes seguir, pues lo único que en realidad tenemos en el mundo es a nuestro ser. Si has llegado hasta aquí es que no has hecho todo mal. Recordar y ser suficientemente humilde para perdonar tus errores es una de las virtudes fundamentales.

El Cuestionario del ser que aparece a continuación te servirá como guía sobre el tipo de preguntas que deberás plantearte y a dónde te llevarán las respuestas. Este instrumento está diseñado como un ejercicio de reflexión profunda que podrás usar siempre que lo consideres necesario.

Cuestionario del ser

Tomar conciencia de que tu vida es lo que quieres que sea es un inicio muy importante, ya que si no te agrada lo que tienes, ¿para qué conservarlo? Este cuestionamiento inicia con una primera serie de preguntas que tiene por objetivo hacerte ver lo que te molesta de ti mismo y de tu vida.

Este cuestionario es sólo una guía. Puedes contestarlo en cualquier momento de tu existencia y las respuestas sólo te pertenecerán a ti. En algunos casos es importante tener una herramienta específica para estas reflexiones; puede tratarse de un cuaderno especial, un horario que te ayude a concentrarte o un espacio que te relaje y te permita pensar con claridad.

Una posibilidad es centrar tu energía, hacer ejercicio u otra actividad que te relaje por completo antes de iniciar este cuestionario. También es muy benéfico contestarlo en la tina de baño o cerca de fuentes, lagos, ríos o agua corriendo. No hay tiempo ni reglas para contestar; tú te otorgarás la honestidad que crees merecer, eso no es cuestionable ni enjuiciable.

La honestidad contigo mismo puede llevarte por senderos oscuros, pero la luz siempre está ahí y la verdad, una vez hallada, nunca dejará de iluminar tu camino.

Primer cuestionario: ¿Cuál es mi situación actual?

Recuerda: el cuestionario es personal, no necesitas quedar bien con nadie; sólo contigo mismo.

Responde a las preguntas siguientes.

¿Qué me gusta de mi vida?

¿Qué no me gusta de mi vida?

¿Soy feliz en mi vida o no?

¿La cambiaría o no?

Una vez hecha la primera reflexión, si tu intuición te guía, podrás proseguir con la segunda. El tiempo entre una y otra etapa, evidentemente, es el que cada ser necesite.

La segunda serie de preguntas te llevará a saber mucho más de tu ser.

Segundo cuestionario: ¿Quién soy y a dónde voy?

¿Quién soy?

¿A dónde voy?

¿Qué deseo?

¿Qué he querido toda mi vida?

Las respuestas a estas preguntas te pondrán frente a muchos de tus errores vitales o frente a los patrones de conducta que te lleven a donde no quieres ir. Hacerlos conscientes es uno de los grandes pasos que puede dar un ser humano.

Para terminar este proceso, que en algunos casos conlleva años y un gran esfuerzo y en otros, minutos, es necesario formular las preguntas que nos pondrán en acción real.

PROCESO DE PERDÓN

Todo proceso de conciencia implica un proceso de perdón. Es la manera de limpiar tus emociones y deshacerte de lo que no quieres conservar. El perdón te libera de iras, miedos y resentimientos que te enferman, te paralizan y te hacen sentir culpable; cualquiera de estas emociones detienen o afectan tus acciones.

El proceso de perdón es mucho más complejo y difícil que limpiar tu cuerpo físico o tu casa, pero tiene el mismo principio: ayudarte a deshacerte de todo lo innecesario, quitar lo que ya no sirve para darte la oportunidad de atraer lo que necesitas y así mejorar tu vida.

El perdón a uno mismo

El primer paso para el perdón es la humildad de entender que todos se equivocan y, por tanto, tú también tienes derecho a hacerlo sin sentir pena por ello. Este primer paso es indiscutible, no puede darse por sentado, ya que implica centrar tus acciones en la dimensión real de los sucesos.

Cualesquiera que sean tus acciones –incluso matar o robar–, al final de cuentas, no son únicas en el mundo, en absoluto son extraordinarias.

Es decir, no eres un ser extraordinario y, al igual que todos, mereces perdón.

Si ves tus errores desde esa perspectiva, al darte cuenta de que son comunes a otros a tu alrededor, podrás entenderte como un ser humano normal y no como el peor (lo cual en el fondo implica el enorme orgullo y la soberbia de querer sobresalir, aunque sea en términos negativos); sencillamente, no existe *el peor* ser humano. Todos podemos ser lo peor, pero también podemos ser lo mejor, tenemos las mismas posibilidades.

Al no salirte de lo común o, al menos no tanto, puedes ser perdonado y perdonarte.

¿Qué implica perdonarte?

- Salir de un círculo vicioso que comienza con la autocompasión y termina con la autodestrucción.

- No establecer ni conservar relaciones lacerantes para pagar tus culpas, ni más vínculos en los que la violencia te libere de la ira que genera sentirse culpable.

- No destruir ni lastimar a tus seres cercanos para lograr que te abandonen y así poder volver a compadecerte de ti. Quien se siente víctima sabe que se equivoca y, en vez de asumir la responsabilidad, genera culpa u odio y cae en un círculo sin fin.

- No exigirte ser perfecto, ser capaz de aceptar tus errores y, por consiguiente, de mostrar más paciencia y tolerancia ante los errores de los demás.

- Sobre todo, y quizá lo más importante: darte la oportunidad de aprender, de desarrollar tu vida de manera más consciente y placentera.

El perdón al otro

Es difícil que perdones a otro si no te perdonas a ti mismo. Por supuesto, se trata de un proceso que también requiere mucho trabajo interno y suele comenzar por reconocer tu enojo o resentimiento hacia otras personas.

Tras entender que, como tú, todos los seres humanos tienen derecho a equivocarse (una gran lección de humildad), el siguiente paso es analizar el mundo de la otra persona, conocer el mecanismo en el que se mueve y comprender así sus acciones.

Entender las razones del otro ayuda a perdonar.

Pero, ¿por qué muchos prefieren estar enojados que perdonar? En realidad ¿es más fácil vivir en conflicto? Responder estas preguntas se dificulta si captas que estás acostumbrado a hacerlo vivir así, lo eliges y te atemoriza vivir de otro modo. Te parece normal vivir enojado, molesto o triste y, al no analizar tus emociones, no ves alternativas.

Si la respuesta implica un enorme miedo a actuar o una enorme culpa, consciente o inconsciente, las cosas se complican. La culpa y la responsabilidad son emociones completamente distintas. La culpa ahoga porque señala y la responsabilidad libera porque demuestra la necesidad de actuar: si me siento culpable, me castigo; si me siento responsable, actúo.

Es muy probable que te resulte más fácil sentirte culpable o temeroso, dado que ambas emociones paralizan, mientras que sentirte responsable y valiente te motiva a poner en acción tu energía para crecer.

A veces, la idea del hecho nos asusta más que el hecho mismo: si me acerco y lo hago, ¿qué pasará? En muchos casos que requieren del perdón, este miedo se convierte en uno de los principales obstáculos por vencer.

Pero, de nuevo, no hay más opciones: o lo resuelves por ese medio o dejas detenido el asunto para trabajarlo en otro momento de esta u otras vidas; tarde o temprano tendrás que solucionarlo y es muy probable que, al no enfrentarlo y tomar una decisión, frenes tu desarrollo, tu felicidad y sigas cargando con obstáculos, lo que agravará el problema. La gran pregunta es, ¿por qué cargar con cosas que puedes hacer a un lado para continuar tu camino más ligero?

En la respuesta a esta interrogante encontrarás cuál es tu actitud ante la vida.

Para guiarte en el proceso de perdón, te invito a consultar el siguiente cuestionario, donde se explican los pasos básicos para perdonarte y perdonar a los demás.

⚷ Ejercicio

Cuestionario sobre el proceso de perdón

Al hacer este repaso de tu vida, procura no entristecerte. Más bien, decídete a afrontar tus pesares, de modo que puedas reorganizarte, solucionar y emprender un nuevo camino de vida más agradable.

Responde a las preguntas siguientes.

¿Qué estoy cargando en mi vida?

¿Qué puedo hacer a un lado de lo que estoy cargando?

¿Dónde me he equivocado?

¿Cómo me puedo perdonar?

¿Cómo puedo seguir el camino sintiéndome más ligero?

Es muy posible que este camino te parezca muy difícil; sin embargo, puedes estar seguro de que es el que con mayor facilidad te conducirá a dejar de sufrir y a afrontar los problemas con herramientas más sólidas.

Avancemos ahora a analizar los pasos a seguir para cobrar conciencia.

Pasos de la conciencia

Desarrollar nuestra conciencia es un proceso de toda la vida y abarca tanto aspectos cotidianos como extracotidianos.

Si bien es un proceso personal y, por tanto, único e irrepetible, sí puedes definir los puntos sobre los cuales habrás de reflexionar para ayudarte a desarrollar un proceso de conciencia.

La conciencia del ser

Lo primero que importa es ser consciente de ti, reconocer quién eres y lo que eres capaz de hacer. Este es el acto primordial de conciencia que nos llevará toda la vida y sin el cual el camino carece de sentido.

Al tener conciencia de tu poder, tu capacidad y tu pertenencia al universo, entenderás que, como las estrellas y los árboles, el agua y las nubes, tú tienes una función y, en consecuencia, derecho a estar aquí.

De ahí se desprende tu importancia como ser único, indivisible e irrepetible, y únicamente quien cree esto en profundidad es capaz de practicar la humildad en la vida. La soberbia, por extraño que parezca, aparece cuando no se tiene conciencia real de lo precioso y valioso que es cada ser humano. Surge como compensación de un sentimiento de inferioridad.

La estancia en la Tierra es, aunque pasajera, trascendental para toda persona porque representa la oportunidad de aprender y estar en contacto con el mundo físico. Ser consciente de ello, por paradójico que parezca, te permitirá obtener una conciencia más clara de tu existencia como parte de un universo eterno y total.

La conciencia de los errores, del perdón y de los aciertos de tu vida es vital para un proceso de aprendizaje. No verlos o no aceptarlos acarrea innumerables consecuencias, desde alejar o perder a seres queridos hasta enfermar y morir.

Un paso fundamental de la conciencia es reconocer y agradecer el amor que recibes y el amor que entregas, que siempre es proporcional, aunque no lo parezca. El amor no correspondido no es amor; su verdadera naturaleza es el poder vivir en cotidianidad y su existencia en tu vida es constante. La cuestión es si quieres verlo y aceptarlo, o si más bien le temes.

El ser humano no puede crecer si no tiene conciencia de su propio cuerpo. El cuerpo físico es el templo de tu alma. Disfrútalo porque lo tienes una sola vez en esta vida. Eso no significa torturarlo para cumplir con las normas estéticas de nuestro momento histórico, sino aceptarlo, cuidarlo y amarlo tal cual es, sin exigencias vanidosas ni excesos que lo enfermen.

Goza de lo que eres capaz de hacer y de las sensaciones que puede regalarte.

Este proceso te llevará a vislumbrar y aceptar tus dones y tu misión de vida. Al ser consciente de ello, sin esfuerzo aparente, comenzarás a encontrar los caminos para lograr tus sueños y tu plenitud.

La conciencia del otro

El término conciencia del otro equivale a conciencia de ti mismo. Difícilmente podrás respetar a otros si no te respetas.

Sólo quien no valora su vida es capaz de acabar con la vida de otra persona.

La conciencia del otro implica comprender tu posición en el mundo y no centrarte únicamente en tu manera de ver la vida. Es tu referente y tu perspectiva para aprender más de ti mismo.

La convivencia con tu familia y con tu pareja no logrará ser una experiencia gratificante mientras no consideres a los demás.

La conciencia del universo

El respeto al ser humano debería conducir, como consecuencia lógica, al respeto del medio en el que vives; es decir, el medio ambiente y los seres que habitan la Tierra, así como lo que conforma el universo.

De igual forma, esta conciencia nos remite a nuestro ser como parte de la humanidad, así como a nuestro ser eterno, único y real, a la parte de eternidad que reside en la humanidad.

Colorea el mandala y disfruta estos momentos en serenidad.

3. Síntomas y malestares: señales de alerta

La autocompasión es un proceso igual al de la culpa.
La culpa no asumida genera miedo.
El miedo no asumido genera violencia.
La violencia no asumida genera muerte.

Un síntoma es la manifestación de algo que no es evidente: un malestar, una idea equivocada, la incomodidad que implica cumplir deseos que no son propios; en fin, cualquier cosa que provoque una sensación de desasosiego, tristeza o incomodidad. Es algo que busca por dónde salir y encuentra una sola vía.

La sintomatología es un proceso integral del cuerpo que aporta beneficios. ¿Por qué? Porque libera al cuerpo de sus cargas; puede ser mediante la muerte o la expresión de alegría, pero implica liberación al fin.

Los síntomas son señales de que debes cambiar tu actitud o tu manera de ver la vida, resolver problemas y asumir responsabilidades, estar consciente de ti mismo y de tu existencia.

Las emociones no liberadas se acumulan y, al tratar de soltarse, provocan problemas graves de salud. Este proceso puede enseñarte mucho de cómo ejerces el deseo, cómo estableces relaciones con otros seres humanos y con tu propio ser. Sin embargo, si no lo asumes como un proceso de aprendizaje, te llevará a utilizar la manipulación, a sufrir dolor físico y moral, a autovictimizarte y, por último, a la muerte.

Las enfermedades son una manifestación de tus emociones negativas. Aunque hay muchas variantes, en el Cuado 3.1 se presentan de manera general.

Si tienes algún síntoma, sugiero que identifiques la emoción negativa con la que se relaciona. Después, explora las situaciones en tu vida en las que puede estar implicada dicha emoción. Considera que a veces inconscientemente no queremos reconocer una emoción o la reprimimos y esto dificulta el proceso de sanación; por ende, reflexiona con honestidad en torno al síntoma y la emoción con que se relaciona.

Cuadro 3.1 Emociones y síntomas

Emociones negativas	Síntomas generados
Ira	Acné Accidentes constantes Enfermedades estomacales
Resentimiento	Tumores Forúnculos Cáncer
Culpa	VIH/Sida Accidentes con consecuencias de deformación o pérdida de órganos y miembros Parálisis Deformaciones
Tristeza	Enfermedades cardiacas Enfermedades respiratorias

Hartazgo	Gripes y catarros Salpullidos y afecciones cutáneas inter-mitentes
Angustia	Desgarres internos y externos Paros respiratorios
Irresponsabilidad	Enfermedades mentales
Autocompasión	Infecciones Depresiones crónicas
Manipulación (activa)	Enfermedades glandulares Diabetes Enfermedades crónicas o incurables
Manipulación (por parte de otros)	Alergias Asma
Odio	Problemas en los órganos de limpieza del cuerpo como hígado o riñón
Miedo	Ceguera Sordera Obesidad Parálisis

Encontrar el verdadero origen de una enfermedad es complejo. Implica:

- Las características de los factores cósmicos del paciente, como su signo o su elemento.
- Las características de las personas que lo educaron.
- Si perdió sus deseos o no.

- Cuántas vidas ha tenido en la Tierra.
- Si es un espíritu evolucionado o no o si quizá le está pidiendo hacer cosas para las que no está preparado.

Por ejemplo, los dones de clarividencia o canalización de cualquier tipo requieren un esfuerzo físico importante, y si no se hace un equilibrio energético a tiempo, ponerlos en práctica puede desgastar el cuerpo físico.

Dado lo anterior, pueden surgir enfermedades tanto por falta de conciencia como por exigirle al cuerpo físico un desarrollo superior sin antes entender el equilibrio energético requerido. Las diferencias y matices entre estas dos formas de sintomatología sólo pueden reconocerse por intuición, por la propia experiencia y mediante la observación de nuestros semejantes.

No obstante, cabe aclarar que encontrar el origen real de una enfermedad es el único camino para su curación. Quizá te sometas a una intervención quirúrgica o consumas medicamentos, pero estas ayudas suelen ser transitorias. Si no te atreves a verlos como señales para cambiar algo en tu vida y crecer, los padecimientos reaparecerán o se transformarán en otros más graves.

Esa es la razón principal por la que personas que llevan una vida sana, hacen ejercicio, cuidan su dieta, no fuman, no beben, entre otras buenas costumbres, enferman, en tanto que otras que —incluso a una edad muy avanzada— hacen todo lo que se supone nocivo, llegan al final de su vida con una salud excelente. Toma en cuenta siempre lo siguiente:

La salud y la enfermedad son, en realidad,
manifestaciones de nuestra
actitud ante la vida.

A manera de conclusión, la sintomatología es la manifestación real de los deseos del ser humano; sin embargo, lo único que se requiere es aprender a desear con conciencia.

Si nuestro verdadero deseo es autodestruirnos, sublimarnos, realizarnos o morir, lo lograremos. Realizar lo que deseamos, de manera consciente o inconsciente, es uno de nuestros poderes y, por consiguiente, uno de nuestros mayores peligros.

No ha habido poder que el ser humano no use tanto para su gloria como para su infierno.

Colorea el mandala y disfruta estos momentos en serenidad.

4. Las misiones de vida

Definición de misión de vida

Tu misión es la necesidad de cumplir con la esencia de tu ser. Para ello, te haces acompañar de los ángeles o virtudes que actúan según el signo y el elemento a los que perteneces, así como el nivel de sabiduría que hayas alcanzado.

Por sabiduría entiéndase la coherencia entre la manera como vives y la forma en que pediste vivir antes de llegar al mundo, así como la conciencia, el aprendizaje y su aplicación en la vida cotidiana y espiritual.

Desde esta perspectiva, la misión no es una obligación asignada por una entidad ajena a ti; más bien, consiste en un propósito que elegiste antes de nacer y que estableces para desarrollar tu conciencia, tus poderes o tu conocimiento.

De acuerdo con ese propósito, escoges, en armonía con el Universo, determinadas condiciones que favorecen su cumplimiento.

Por tal razón, los deseos auténticos, es decir, los que nacen de la esencia individual, son una especie de búsqueda o de corazonadas que se relacionan con tu misión de vida y fomentan su cumplimiento.

Por ejemplo, si tu misión es aprender a curar, tendrás deseos como acceder a determinados estudios, conocer maestros que marquen tu conocimiento y vivir experiencias que desarrollen tu observación, intuición o compasión.

O bien, si tu misión es aprender a amar, tus deseos tendrán que ver con conocer y relacionarte con determinadas personas, cumplir procesos de perdón, autoestima o purificación, y experimentar uno o varios tipos de relación humana.

Es muy conveniente que reconozcas cuál es tu misión. Para ello, reflexiona hacia dónde te dirigen tus deseos: ¿son deseos que implican un trabajo personal, con otras personas o con el entorno? ¿Son deseos que tienen que ver con la naturaleza de tu elemento y signo?

Para responder estas preguntas, a continuación revisaremos los diferentes tipos de misión y las misiones generales de los signos y los elementos.

TIPOS DE MISIÓN

Misión individual

Esta misión es de conocimiento. No cumplirla suele provocar culpa, por lo que los seres humanos regresan a la Tierra para terminarla. Por ejemplo, aprender a curar, a amar, a escuchar, a entender, a perdonar… También puede relacionarse con el desarrollo de la ciencia, la cultura o el arte.

Misión con otras personas

Está vinculada con otros seres y, por lo general, con el paso del tiempo, concluye. Algunas misiones de este tipo son crear determinadas instituciones o comunidades, ayudar al prójimo, crear vínculos personales o laborales entre personas, y fomentar la empatía y la solidaridad.

Misión con el mundo

No es trascendente a menos que se convierta en una necesidad del alma, por ejemplo, la de difundir el conocimiento en la Tierra. Este tipo de misión se relaciona con restaurar daños ecológicos, proteger a ciertas especies, construir ciudades sustentables, etcétera.

MISIONES DE CADA ELEMENTO DE LA NATURALEZA Y SIGNO ZODIACAL

Tierra

Tierra: la sujeción del mundo.
Quien entrega la verdad será libre y hará libre a los demás.

Las misiones de Tierra se relacionan con:

- Aprender a vivir en el mundo para transformarse. Esto implica comprenderse y comprender a los otros. Por tanto, las personas de Tierra necesitan adoptar una actitud práctica y empática.

- La sanación de uno mismo, de los demás o del entorno. De ahí la importancia de que estos seres sean conscientes de su estado físico, mental y emocional.

- El disfrute o el goce (lo mismo aplica para los seres de Aire). Estas personas necesitan explorar las actitudes que fomentan el deleite y reconocer los factores que los dañan, como la culpa y el exceso.

- Misiones individuales o colectivas (como ocurre con los seres de Agua).

- La transformación y la calma (como ocurre con los seres de Fuego).

- La comprensión de lo que atañe a los sentidos y a la energía del alma (y comprender es descifrar).
- El perdón, que constituye un acto de amor personal y puro.

Misiones particulares de los signos correspondientes

- *Tauro:* viene a vencer el miedo con la paz. De esto se derivan misiones como vivir en tranquilidad y bienestar, distinguir los miedos provocados por factores reales de los de factores imaginarios, construir espacios protegidos para enfermos o especies en peligro, y desarrollar conciencia de los instintos.

- *Virgo:* viene a vencer la crítica con el análisis. Algunas misiones relacionadas son desarrollar la mente, adquirir y aplicar conocimientos, asumir trabajos que requieren detalle y cautela, desarrollar empatía y limpiar las capas energéticas personales o de otros.

- *Capricornio:* viene a vencer la violencia con la eficiencia. Esto influye en la creación de métodos de trabajo, comunicación, curación, organización o estudio; la confrontación de miedos o emociones reprimidas, y el desarrollo de formas de pensamiento sintético, práctico y sencillo.

Agua

Agua: la limpieza del corazón.
Quien es capaz de dejarse fluir será capaz de sanar su vida.

El ciclo de Agua se caracteriza por el cuestionamiento personal, la reflexión sobre uno mismo. Sirve para entender las cosas del mundo pero, sobre todo, las cosas del ser humano, para limpiar, purificar, dejar atrás, perdonar. El perdón es el inicio de la purificación.

Las misiones de Agua se relacionan con:

- Procesos individuales e internos como llorar, meditar, estudiarse y estudiar a los demás, aprender a fluir. Estas personas necesitan adquirir conciencia de sí mismas con el fin de desarrollar su capacidad para adaptarse a las circunstancias y hacer lo necesario para lograr sus deseos.

- La limpieza de culpas imaginarias o reales, muchas veces estancadas. Se trata de su misión más difícil, aunque no la menos hermosa.

- La conciencia de que su característica es la verdad y su capacidad de verla, aun sin aceptarla, o de huir de ella habiendo sufrido traiciones. Los seres de Agua son posesivos porque muchas veces sufren abandono y también vengativos porque sufren dolores.

Misiones particulares de los signos correspondientes

- Piscis: viene con cargas de conflicto que debe liberar. Necesita aprender a vivir en el agua, es decir, en la verdad. Algunas posibles misiones son ejercer la claridad, honestidad y empatía; desarrollar la intuición y el camino espiritual; acompañar a otras personas en procesos difíciles; trabajar para comprender al ser humano en los aspectos educativo, psicológico o médico.

- Cáncer: viene con cargas de conflictos y debe liberarlos. Necesita salir del agua sin protección, es decir, no temer a la vida. Esto tiene que ver con aprender a vivir en independencia, desarrollar la confianza en sí mismo, explorar o construir experiencias agradables que demuestren que el mundo es un buen lugar para vivir, crear vínculos sociales libres de manipulación, chantaje o miedo.

- Escorpión: viene con dolores profundos. Necesita aprender a no temer ser traicionado y a lograr no serlo. Las misiones de estos seres tienen que ver con practicar el desapego, el perdón, la paciencia, la purificación; desarrollar la intuición o la comunicación no verbal, y aprender a convivir de manera confiada, íntima o sosegada.

Fuego

Fuego: la purificación del alma.
Quien quema su pasado logra ver claramente su futuro.

Las misiones de Fuego se relacionan con:

- La transformación individual y colectiva.
- La relación con el poder, la posesión y el perdón.
- La elección de nacer en este elemento cuando se llevan muchas vidas de pasión creativa o destructiva.
- El aprendizaje para vencer las pasiones humanas.
- La conciencia de que el poder de los hijos de Fuego radica en la fuerza calcinante de lo que sienten.
- El reconocimiento de que nada es igual después de que el Fuego nos toca.

Misiones particulares de los signos correspondientes

- Aries: viene a vencer la pasión del amor. Sus misiones se relacionan con aprender a dialogar, a colaborar, a comprender, a ser consciente del otro y de sí mismo; crear proyectos; mediar en conflictos, y establecer vínculos significativos.
- Sagitario: viene a vencer la pasión creativa. Sus misiones tienen que ver con viajar; adquirir nuevos conocimientos, formas de sentir o de pensar; crear soluciones alternativas a determinados problemas; divulgar el arte y la ciencia, y resolver conflictos grupales.

- Leo: viene a vencer la pasión del poder. Sus misiones se relacionan con desarrollar habilidades de observación, percepción; practicar la generosidad, la organización y el perdón, y desarrollar la conciencia de los otros y del entorno.

Aire

Aire: la posibilidad de contactar con la libertad y viajar por el mundo.
Quien es capaz de dar será capaz de recibir.

Las misiones de Aire se relacionan con:

- La utilización de herramientas, como los conflictos resueltos en tiempos pasados, para enfrentar su quehacer actual.
- El arte, que es alimento para el alma.
- La creatividad, común a todos los hijos de Aire.
- El hecho de dar sin preocuparse por recibir.
- El ejercicio de su libertad de maneras constructivas, como el arte, la comunicación, la alegría, o destructivas, como la locura (en la que se suelta la responsabilidad de forma radical), la muerte (el suicidio, asesinatos o la decisión de partir sin dolor) y el perfeccionismo.

Misiones particulares de los signos correspondientes

- Acuario: viene a romper límites y tiene la capacidad para ello. Lleva muchas vidas en prisiones (físicas, mentales o emocionales) y necesita libertad, por eso escoge la locura como medida extrema. Las misiones de estos seres tienen que ver con crear alternativas ante problemas y situaciones; denunciar lo obsoleto, inútil o caduco; plantear cuestionamientos nuevos en los campos de conocimiento o en la naturaleza humana, y difundir ideas nuevas.

- Géminis: viene a liberarse de culpas y relaciones con otros, por lo que escoge vincularse con la muerte. Maneja la inteligencia. Sus misiones se relacionan con integrar visiones contrapuestas; ampliar enfoques de pensamiento; enseñar o educar; mostrar nuevas perspectivas a conocimientos ya establecidos, y aprender a amar, a solidarizarse, a colaborar o a crear.

- Libra: viene a realizar sus sueños con los deseos de muchas vidas; nace con la tendencia al perfeccionismo. Maneja la belleza y la armonía. Sus misiones tienen que ver con desarrollar el arte y la ciencia; aprender el desapego, la diplomacia y la aceptación de la realidad tal cual es; practicar la generosidad, la comunicación, y el mediar entre diferentes formas de pensar o actuar.

En resumen, la misión de Aire tiene que ver con compartir, dar, repartir, crear, pensar, ya que todas son formas de ser libre. Saber cuál es la misión que uno tiene en la vida puede ser sólo información, pero volverla consciente es alcanzar un conocimiento que implica una nueva visión del mundo.

Colorea el mandala y disfruta estos momentos en serenidad.

Colorea el mandala y disfruta estos momentos en serenidad.

5. Ideas equivocadas

La diferencia radica en la claridad del ser.

DEFINICIÓN Y FUNCIONAMIENTO

Parte de la complejidad del ser humano reside en lo que es capaz de hacer crecer en su mente: las ideas.

Las ideas, como las palabras o las emociones, son armas de dos filos: pueden crear emociones, las cuales, a su vez, hacen surgir ideas, y de esa manera retroalimentarse al infinito. El problema es cuando se alimentan de forma negativa.

Algunas personas pueden construir una supuesta "realidad" exclusivamente para torturarse, para torturar a otros o para huir de una realidad que es menos terrible de lo que suponen.

El poder de la mente es enorme, el problema es cómo se usa esa mente y cómo se usa ese poder.

Si tú decides tener ideas para destruirte, te destruirás. La dificultad estriba en que esas ideas pueden ser inconscientes.

¿Cómo saberlo entonces?

Por lo general podrás detectarlas por los resultados que traen a tu vida cotidiana. Para saber qué caminos son los que estás siguiendo, procura estar atento a tus acciones y a tus reacciones ante los actos cotidianos.

LAS IDEAS EN LAS OBRAS DE ARTE

Las obras de Shakespeare muestran un enorme compendio de seres humanos que, de manera inconsciente, siguen ideas equivocadas que causan la destrucción de su vida. Por ejemplo, Otelo destruye todo el trabajo de su vida, que lo ha llevado a donde un hombre de color nunca hubiera podido estar en esa época, por creer que su mujer era su propiedad y, lo peor, una propiedad de la que él no se cree merecedor. Si creyera lo contrario, no se sentiría amenazado por un subalterno que lo único que tiene de "ventaja" sobre Otelo es la blancura de su piel (en nobleza de espíritu, valentía y capacidad de gobernar no es mejor que Otelo). Yago, que es un buen observador, inicia la ficción que Otelo está muy interesado en creer, y llegamos a la tragedia sin remedio, porque nadie está consciente de las ideas equivocadas que se están mezclando. Este es uno de los ejemplos más destacados sobre cómo pueden generarse ideas equivocadas que desembocan en la autodestrucción.

En la vida cotidiana, algunas personas trabajan mucho, pero no se quedan con sus ganancias porque piensan que no lo merecen; por tanto, sus recursos se destinan a pagar deudas, ayudar a familiares o hacer gastos infructuosos. La misma idea de no merecer favorece relaciones dependientes, en las que una persona se deja abusar o cumple la voluntad de otro con tal de ser aceptada.

En otros casos, la idea de "no merezco" provoca que otros roben, abusen o engañen a quienes los rodean. Eso genera la sensación (consciente o inconsciente) de que se es un fraude, alimentando un círculo vicioso en el que es necesario cometer acciones engañosas más grandes.

Otro ejemplo que nos brinda Shakespeare, en un tono distinto, es *Mucho ruido, pocas nueces*, obra en la que Beatrice y Benedick tienen encuentros y desencuentros debido a sus ideas relacionadas con su capacidad de amar, su merecimiento de ser amados o no, y el malentendido que pueden llegar a tener acerca del amor. Recomiendo ampliamente esta obra para el estudio de las ideas equivocadas.

En ella se demuestra que algunos prefieren ganar una discusión que ser amados, porque tienen la idea equivocada de que mostrar sus defectos los hará blanco fácil de burlas y, además, no podrán soportar estos ataques. Para comenzar, las burlas dañan en la medida en que el agredido lo permita y, por lo general, no son tan frecuentes como se piensa. Por tanto, las personas se protegen tanto que no se regalan la oportunidad de amar, convivir y comunicarse.

Por su parte, en la ópera *Turandot* de Puccini se observan varias ideas equivocadas. La primera es la de la princesa Turandot, quien carga con resentimientos generacionales porque su abuela fue violada; la princesa sostiene este acto como una lápida sobre su conciencia y por ello trata a los hombres de forma equivocada. A diferencia de ella, la esclava Liú vibra con el amor más puro y el príncipe Calaf no se da cuenta hasta que la esclava muere; sin embargo, decide casarse con la princesa. En esta historia hay toda una serie de ideas extrañas acerca del amor, basta cuestionarse para descubrirlas: ¿por qué guardar las tradiciones, los odios y resentimientos generacionales?; ¿por qué no ser uno mismo?; ¿por qué no amar con intensidad sin recordar errores del pasado?; ¿por qué no se dan cuenta los demás de dónde está el amor puro? Obsérvala con cuidado y date cuenta, poco a poco, de lo que es una idea equivocada.

Algunos paralelismos de esta ópera con la vida cotidiana son los casos de apego a costumbres o creencias familiares por encima del bienestar de la persona; por ejemplo, que un hijo debe sacrificar su vida para cuidar a sus padres hasta su muerte (en lugar de tener una mentalidad más práctica que concilie los intereses personales con los familiares); los rencores nacidos del ánimo de demostrar que un sexo es mejor que otro ("Todos los hombres son iguales" o "Las mujeres están locas"), y la idea de que el matrimonio es una solución para compensar culpas, deslindar responsabilidades o aparentar buenas costumbres.

La literatura provee casos que es interesante analizar, como el de *Lo que el viento se llevó*, de Margaret Mitchell. En esta novela la pregunta central es ¿por qué Scarlett necesita manipular para lograr lo que quiere, sea algo material o amor? ¿Quién ha dicho que amor es manipulación? ¿Por qué, para ser la heroína de esta historia, necesita manipular, de forma consciente o inconsciente? (Eso lo dejo a tu consideración.) ¿Es fundamental dejar en claro que una cosa es desear y otra es manipular.

Como verás, la reflexión en torno de obras artísticas (novelas, obras de teatro, películas, canciones, entre otros) es una herramienta para apreciar puntos interesantes y conflictivos de la vida. De este modo, puedes identificar ideas equivocadas y alternativas en tu vida y en tu entorno.

¿CUÁLES SON LAS IDEAS EQUIVOCADAS?

La formación de ideas que no son genuinas o de emociones autodestructivas provoca escapes enormes de energía, que, a su vez, llegan a producir enfermedades o angustia existencial, incluyendo actitudes como incomprensión del entorno, melancolía, tristeza crónica o depresión.

Todos estos mecanismos mudos que las personas inventan para defenderse de una realidad que no es como la quieren (aunque a veces sea más hermosa de lo que alcanzan a imaginar) provocan enfermedades que a la larga pueden agravarse.

Una cosa es lo que tú crees que es la realidad y otra es lo que *es* la realidad. Idealizar significa tener la facultad de imaginar cómo es la realidad en que vives. Pero, cuando esto se convierte en una huida en lugar de una transformación, el asunto se complica. Por ejemplo, es distinto soñar "despierto" algunas alternativas para cambiar tu vida y actuar para concretar una solución, que pensar sólo en una de ellas sin hacer más que lamentarte y suspirar por lo que sueñas.

No tendrás posibilidad de modificar lo que no veas o sepas a ciencia cierta. Alguien que dice "No puedo cuestionar a mi familia porque si lo hago, se desmorona mi idea de vida", evidentemente prefiere conservar una idealización que enfrentar la realidad; en consecuencia, se paraliza por su propio ideal. Por supuesto, este es encantador, por eso precisamente es un ideal. Lo que sí es posible modificar es la realidad para que se parezca a tu ideal.

El idealismo es un arma de doble filo porque, así como te ayuda a entender y a encontrar los caminos hacia lo que deseas, también puede convertirse en un refugio o un obstáculo en tu búsqueda.

El idealismo es también una forma de vivir, siempre y cuando no pierda su relación con la realidad. Cuando esto sucede, la situación es preocupante. Distinguir este matiz te permitirá encontrar la tranquilidad.

La gran complejidad humana hace que la concepción del mundo de un individuo sea tan rica y maravillosa como terrible y destructiva. Es imprescindible estar conscientes de ese poder; de lo contrario, no se sabrá cómo utilizarlo. El uso que la humanidad pueda hacer de él es la diferencia entre lo que nos disgusta de la Tierra y lo que nos resulta maravilloso de ella.

¿Qué es una idea equivocada?

Una idea equivocada:

- Puede provocar un rencor profundo que ocasionará afecciones como cáncer o gangrena (porque por lo regular los rencores se basan en ideas equivocadas), hastío ante la vida o enfermedades cardiovasculares y respiratorias.

- Puede cargarse durante cientos de vidas y manifestarse de formas diferentes en cada una de ellas.

- Provoca emociones equivocadas y con ello se abre la caja de Pandora de todos los males físicos del hombre.

- En conjunto con emociones equivocadas, constituye el ancla principal de las personas. ¿Cómo saber si una idea es equivocada? En términos generales, porque va en contra tuya o de tus seres cercanos.

- Niega a cualquier ser del Universo los mismos derechos que a otros. Por ejemplo: "Mujer que habla latín no tiene buen fin" o "Los hombres no lloran".

- Minimiza a unos seres frente a otros o niega la existencia de todos los demás. Por ejemplo: "Ser irresponsable es típico de los latinos".

- Tiene por objeto mentir o disfrazar la realidad. Por ejemplo: "En México la gente emigra porque quiere, porque aquí hay trabajo para todos".

- Hace daño a los demás. Por ejemplo: "Castígalo frente a todos para escarmiento de los otros".

- Tiene por objeto hacer sentir mal, engañar o defraudar a cualquier ser del Universo. Por ejemplo: "Ojos que no ven, corazón que no siente".

- Se relaciona con la falta de vida, con la ausencia de energía, placer, amor y entrega. Por ejemplo: " Al llegar a los 30 años, ya deberé contar con una familia formada o tener un trabajo espectacular. Si no, seré un fracasado".

A continuación presentamos algunas ideas equivocadas relacionadas con diferentes aspectos de la vida, y algunas acertadas.

Ideas equivocadas sobre uno mismo

- No merezco quererme.
- No soy capaz de aprender de las experiencias.
- Debo ser perfecto o debo hacer las cosas bien al primer intento.
- Tendría que saberlo todo.
- No tengo pensamientos positivos, virtudes o habilidades constructivas.
- Los demás son mejores (o peores) que yo.
- Solamente aprendo por medio del sufrimiento.
- Debo ocultar mis defectos o lucir mis virtudes.

Ideas equivocadas sobre el físico

- Mi físico debería ser como el que se muestra en los medios de comunicación.
- Mi cuerpo debe ser perfecto.
- Necesito pasar hambre para embellecer mi cuerpo.
- Debo explotar mi cuerpo para mejorarlo.
- Mi cuerpo debería ser más femenino (o más masculino).
- Debería atraer a todas las personas que me agradan.
- Necesito arreglarme para que no se me noten los defectos.
- Debería esconderme para no decepcionar con mis defectos.
- Sería conformista aceptar mi cuerpo tal cual es.
- Sería vanidoso de mi parte lucir los atributos positivos de mi cuerpo.

Ideas equivocadas sobre las relaciones de pareja

- Mi pareja llenará el vacío que siento.
- Únicamente seré feliz cuando tenga pareja.

- No tener pareja es prueba de que algo no funciona en mí.
- No soy suficiente para ser la pareja de alguien.
- Será muy difícil encontrar una pareja.
- Si no hay intensidad desde el inicio, la relación no será satisfactoria, profunda o apasionada.
- Es normal que no me quieran porque soy exigente, inestable o perfeccionista (o cualquier otro defecto).
- Debo cumplir con el estereotipo propio de mi sexo: ser una dama o un caballero.

Ideas equivocadas sobre la amistad y el trato con otros

- No soy buena compañía o aburro a la gente.
- Si expreso mis emociones o ideas, la gente no me querrá.
- No sé explicarme.
- La gente no me entiende.
- Necesito esconderme para no ser criticado.
- Necesito exhibirme para ser reconocido.
- Apoyar a los otros es una pérdida de tiempo.
- Debo satisfacer todas las demandas de los demás para que me acepten.
- Debo responsabilizarme de las culpas o los errores ajenos.

Ideas equivocadas sobre mi realización laboral

- No tengo tiempo para hacer lo que me gusta.
- Debo entregarme a mi trabajo para ser reconocido o para obtener beneficios.
- Si sufro, tendré una recompensa al final.
- Si disfruto, algo estoy haciendo mal.

Ideas acertadas

En cambio, toda idea que tenga que ver con bienestar, amor, atención, estar en el lugar adecuado, expresar el deseo adecuado, es acertada. A continuación presentamos algunas de estas ideas.

- "Merezco vivir en bienestar": por un lado, permite aprovechar, administrar y compartir los recursos que se ganan o se reciben y, por otro, fortalece relaciones sanas con las personas y el aprecio por el entorno. Además, impide cometer actos agresivos contra otros o contra uno mismo (robar, engañar, abusar, entre otros).

- "Tengo derecho a equivocarme": permite actuar de manera más relajada y, si cometes un error, asumirlo con sencillez, resolver los efectos negativos y aprender de la experiencia. De este modo, podrás experimentar el proceso de conciencia con mayor autocomprensión, atenta y serena.

- "Soy capaz de aprender y cambiar": abre la mente y el corazón para que la gente observe, reflexione y ponga en práctica sus habilidades o descubra nuevas maneras de actuar. Pensar lo contrario ("Soy demasiado viejo para cambiar" o "Soy tonto para aprender") se vuelve un pretexto para no responsabilizarse, quedarse en la zona de confort y no resolver los problemas.

En el transcurso de su vida una persona puede llegar a perder su conciencia de ser y, con ello, las ideas más profundas de su existir. En esencia, las ideas y emociones están ligadas a los deseos reales y profundos que pueden manifestarse como el motor básico de la fertilidad ideológica, filosófica y artística del ser humano.

Por fortuna, siempre hay quienes luchan contra las ideas equivocadas, se deshacen de ellas o inician un movimiento social con el objetivo de cambiarlas. En cambio, otros buscan conservar las ideas equivocadas, incluso cuando están convencidos de que lo son. Ante eso, todo es más difícil pero nunca imposible; las ideas siempre pueden cambiar.

Cambiar las ideas equivocadas significa cambiar al ser humano y al hacerlo, por mínima que sea la modificación, se inicia la reestructuración del pensamiento. Si logras cambiar el origen de una madeja, todo el resto cambia. Recordemos que es la piedra más pequeña la que provoca un alud.

Cuando alguien entra en contacto con su ser interno, quienes lo rodean se darán cuenta de su transformación y de que su vida es distinta; es así como pueden empezar los verdaderos cambios sociales. Así han sido posibles cambios como la abolición de la esclavitud, la consecución de derechos laborales, la paulatina equidad de género y el respeto a la diversidad racial, religiosa y sexual. Como todos los procesos del Universo, este consiste en pequeños pasos, que nunca son cambios radicales, sino paulatinos y, por supuesto, cuidadosos.

Cada ser es único e irrepetible, así como sus condiciones de salud física, las ideas que lo determinan, su vida pasada y presente o lo que haga de su vida actual, las decisiones que tome, su misión, los ángeles que lo rodean, la manera en la que decidió vivir y —podríamos agregar— el lugar donde decidió nacer, son determinantes con una vibración única e irrepetible en el Universo.

Ningún ser humano está de más, todos somos necesarios en la sinfonía del Universo.

Las relaciones que se establecen entre las personas determinan su historia individual y la de la humanidad en su conjunto.

Aquellos que escogen sostener relaciones destructivas son seres con problemas complejos, que vienen a vencer pasiones humanas o deben resolver un problema específico en su interrelación con los demás.

Las relaciones interpersonales son determinantes en la misión, en el devenir y en la capacidad de un ser humano de leer la vida y de entender cómo interpretarla. Por eso valorar las propias es fundamental para que los deseos funcionen de una manera positiva.

ANÁLISIS DE LAS IDEAS EQUIVOCADAS

La presencia de ideas equivocadas en la vida puede ser sutil e imperceptible, pero muy contundente. Es posible captarla por sus manifestaciones, como sucede al trabajar con los deseos.

Aquel que labora sin descanso pero nunca tiene dinero es un claro ejemplo de quien no se considera merecedor de la riqueza que genera. Las ideas equivocadas a las que podría estar atado son tan absurdas como: "El dinero es malo" o "El dinero vuelve mala a la gente" o "No tengo derecho a vivir cómodamente porque no soy de una clase social determinada".

Cuando esa persona se percata de que su aseveración es absurda, seguramente la desechará sin problema y entonces podrá empezar a aprender a vivir de modo distinto.

A continuación presentamos un ejercicio para valorar las ideas, al reflexionar en torno a las preguntas planeadas.

Sin embargo, antes de abordar cada idea, te sugiero que revises estas afirmaciones:

- Son ideas aprendidas en otro tiempo.
- Lo aprendiste en la escuela.
- Algún amigo enfrenta los problemas como tú.
- La familia dice que los asuntos son de determinada manera.

- La sociedad o sus normas te obligan a actuar, pensar o sentir de cierta forma.

🔑 EJERCICIO

Detectar ideas equivocadas

Ahora, con toda tranquilidad y claridad, responde las siguientes preguntas. No te preocupes si descubres en tu interior ideas equivocadas; todos las tenemos de una u otra forma. Lo esencial es encontrarlas, entenderlas y procesarlas para aprender a actuar en otra dirección.

¿Qué problemas estoy enfrentando?

¿Qué ideas pueden dificultar su resolución?

¿Qué consecuencias pueden acarrear estas ideas en mi vida o en la de los demás?

¿Qué ideas dificultan mis relaciones interpersonales (amor, amistad, estados de ánimo)?

¿Qué ideas me permitirían vivir en armonía con mi entorno?

REVISIÓN DE CASOS CLÍNICOS

En esta sección presento algunos casos clínicos como ejemplos de las ideas equivocadas que han experimentado mis pacientes y alumnos.

Caso 1

Una paciente que sufría grandes penas y hartazgos de la vida me dijo: "Me doy cuenta de que si no provoco el enojo de mis hijos, de mi esposo o de la gente que está a mi alrededor, siento que no me quieren". Esta es una idea equivocada acerca del amor.

Para identificar su origen, tuvimos que ir hacia vidas pasadas y encontrar que el problema residía en la repetición del patrón de acción de su madre, quien le enseñó que los gritos y maltratos se relacionaban con el amor. Para resolver el conflicto tuvimos que trabajar su autoestima, el amor hacia sí misma y dar una nueva dirección o definición al amor.

Caso 2

Al pedirle a cierta paciente que definiera lo que es amor, me dijo: "Amor es soledad y abandono". Recurrimos a la técnica de vidas pasadas y ella se percató de que en varias vidas se había sentido abandonada por un ser querido; ese era el patrón que repetía en esta vida y temía enamorarse.

Trabajamos ese miedo porque ella suponía que si se enamoraba irremediablemente volverían a abandonarla. En este caso se hizo un trabajo de autoestima, de perdón a sí misma y de dar una nueva dirección a la concepción de amor, para que dejara de temerlo y se diera la oportunidad de establecer una relación adecuada con su pareja.

Caso 3

Este caso tiene que ver con la idealización de los deseos y con las ideas equivocadas. Una paciente me dijo: "Acabo de encontrar un novio en Internet". Aquí el conflicto es, ¿está estableciendo una relación con un ser real o con una imagen creada por ella de la persona en cuestión? Es muy fácil mantener una comunicación escrita y esta puede funcionar como un refugio, un problema para no moverse y no asumir nuestra responsabilidad. Lo más sano en una relación es el contacto humano.

Sólo le quedan dos opciones: a) darse cuenta de que la persona con quien conversó durante meses, quizás años, puede no corresponder a la idea que se ha hecho de ella y aceptarla como es (puede ser muy valiosa porque está viva, porque puede sentirla, porque puede entablar una amistad) o b) alejarse de la persona para no romper su ideal. La mayoría de las personas prefieren quedarse con su ideal. El problema es que a lo largo del tiempo este se desmorona y aparece la realidad.

Caso 4

Llegó a mi consulta un joven, cuyo padre era muy exitoso en su carrera. En primer lugar, al ser el hijo mayor le pusieron el mismo nombre del padre, y en segundo lugar, se le marcó que debía seguir los pasos de este y, por tanto, ejercer la misma profesión. El joven no supo responder a tantas expectativas y se liberó de forma equivocada: en vez de llevar una vida libre y productiva entendiendo que podía zafarse de todas las imposiciones ejercidas tanto por la sociedad como por su padre, decidió no hacerse responsable de sí mismo y se refugió en un problema mental (esquizofrenia). Esta es una forma de negación de la realidad.

Si quisiera emprender el camino de regreso, sólo podría realizarlo desde la conciencia de que puede ser libre y amado en la Tierra sin importar la actividad que realice.

Los padres, al imponerse sobre sus hijos, pierden la oportunidad de saber quién es ese ser. ¿Cómo guiarlo para ayudar a realizar su misión en este planeta? En términos generales, los padres deberían reprimir sus anhelos acerca de la realización o profesión de sus hijos y dejarlos realizar sus sueños y deseos.

Caso 5

Otro caso es el de una alumna que en regresión a vidas pasadas se dio cuenta de que había sido un ser libre y muy feliz. Al regresar, dijo: "Estoy enojada con mi marido por haberse muerto, me casé para que me mantuvieran y mi madre me dijo que mientras estuviera casada estaría protegida". Al trabajar esto, se dio cuenta de todo el enojo que cargaba contra su marido y sus familiares. Ahora intenta recuperar su libertad y comprender las ideas equivocadas que ha cargado y que detienen su evolución.

Al exponer estos casos mi intención no es decir que hay que negar los ideales, ya que estos muestran los caminos de los deseos. Los ideales no son realizables, pero los deseos sí lo son. El punto esencial de un ideal es que muestra cómo realizar los deseos.

Los ideales no se cumplen. Lo que se cumple es la ilusión y es fundamental alimentarla. Eso se logra estando donde se quiere estar y haciendo lo que se quiere hacer. El ideal sirve para abrir los caminos; es decir, hay una realidad, la realidad de cada ser humano y al poner por delante el ideal, se transita de la realidad al deseo. Recordemos que la idea equivocada en el último caso fue que los padres desearon que su hijo tuviera un camino determinado.

TRANSFORMACIÓN DE UNA IDEA EQUIVOCADA

En los largos caminos de la vida humana una meta difícil es aprender a pensar y a empezar de nuevo, ya que eso implica enfrentar una imagen que no nos gusta: regresar, volver al inicio. Pero hay mucho más detrás de esa meta.

Dado que el conocimiento no es un camino lineal, sino una espiral que nos lleva siempre al mismo lugar –aunque desde un punto de vista diferente y con mayor entendimiento–, contemplar una situación desde otra perspectiva no significa volver a empezar. Más bien, implica aplicar herramientas nuevas a viejos problemas para así, tal vez, resolverlos de forma diferente.

Si deseas entrar en esta espiral de sabiduría, es necesario entender qué es lo que obtienes de la actitud o idea negativas. Por ejemplo, una persona fracasa constantemente porque así sus seres queridos se mantienen interesados en ella, o alguien no es capaz de organizarse económicamente porque así justifica su dependencia de los demás. Son muchas las razones lógicas para realizar actos que parecen obra de la mala suerte y ser consciente de ello es la única manera de cambiarlo. No puedes cambiar lo que no conoces.

Durante esta revisión, conviene que adoptes una actitud comprensiva, amorosa y respetuosa hacia tu ser. El objetivo de la reflexión no es regañarte o despreciarte, sino encontrar las posibilidades de cambio, abrirte a nuevas respuestas y conductas. Esta exploración permitirá que, poco a poco, equilibres las emociones y las ideas.

Después de esta toma de conciencia, pregúntate si tus deseos son reales o si se trata de ideas equivocadas que te estorban en el camino. De tal modo sabrás con claridad lo que deseas en este momento y lo que no deseas en la vida; entonces podrás tomar una firme decisión de cambio. Una vez llegado este punto, el cambio es irrevocable, inevitable, lógico y natural.

Al final de cuentas, emprender ese cambio favorece un camino de alegría, amor, comunicación y salud. Desde luego, siempre pueden surgir dificultades, pero estas serán menores que las que experimentas cuando vives inmerso en el sufrimiento, rencor, inconsciencia y evasión.

Por tanto, te animamos, de nuevo, a analizar y explorar tu mundo interior con cariño y honestidad.

Colorea el mandala y disfruta estos momentos en serenidad.

6. El poder del ser humano

*La belleza no es más que la manifestación
del poder de la verdad.*

Muy pocas personas son conscientes de su poder. La humanidad es un conglomerado de magos y seres poderosos que rara vez saben que lo son. Una de las razones principales es el miedo a la responsabilidad de saberse poderoso.

En la medida en que conozcas qué eres capaz de *hacer*, sabrás lo que eres capaz de *ser*. Negar tus poderes es la mejor forma de negarte a ti mismo y justificar tu irresponsabilidad.

¿CUÁL ES EL PODER DEL SER HUMANO?

El ser humano tiene mil poderes conocidos y desconocidos –por ejemplo, poder creativo, capacidad de amar o de adaptarse– y, aunque no todos los reconozcamos, estos forman parte de su naturaleza.

Otros de sus poderes, no tan conocidos, son el mental, el espiritual, y el de modificación de su propio destino y de su propio cuerpo, algo que la ciencia demuestra cada vez más. Sin embargo, muy pocos creen poseer esos poderes.

El poder del hombre puede resumirse como el ejercicio responsable de su deseo real.

¿Qué es la conciencia de la propia capacidad?

La conciencia de la propia capacidad se relaciona con la conciencia de ser. Cuanto más sabemos quiénes somos, más sabemos lo que somos capaces de hacer, y viceversa.

Los diferentes poderes humanos están relacionados con los siguientes factores:

- *Desarrollo en vidas pasadas.* Muchas veces recordamos en la vida actual poderes desarrollados en otras vidas; otras veces podemos desarrollar poderes que resuelven problemas que hemos arrastrado de otras vidas.

- *Elemento y signo.* Si bien todos los seres humanos pueden desarrollar sus poderes, los pertenecientes a los elementos Tierra y Aire tienen mayor tendencia a hacerlo. En particular, se trata de Capricornio y Libra, debido a su necesidad de enlazarse con el conocimiento y a que son signos cardinales; es decir, signos que vienen a aprender algo nuevo y se proponen nuevos retos.

- *Ideas sobre sí mismo.* Quien no se cree capaz no lo es. Si te han hecho dudar de ti mismo, bien sea por el tipo de educación que recibiste o porque has sido nulificado por la sociedad, es probable que sientas que pierdes tus capacidades. Asegúrate de hacer un trabajo de revaloración como el ser único, indivisible e irrepetible que eres.

- *Ideas sobre el mundo.* Si no consideras la vida como mágica o crees que el mundo es un lugar sin sentido, difícilmente podrás imaginar tu verdadero potencial. Tu entorno te define tanto como tú defines tu entorno.

- *Elección personal.* Muchos eligen no conocer sus poderes por diversas razones: en ocasiones porque en otras vidas fueron perseguidos por ellos o porque su mal uso les causó problemas, por miedo o por falta de fe en sí mismos, entre otras.

- *Misión.* La misión escogida para realizar en esta vida muchas veces se asocia con el desarrollo de poderes y otras no. Identifica cuál es tu caso y aplica lo pertinente.

- *Conciencia de la misión.* No ser consciente de la misión de vida provoca que pierdas el sentido de tu camino. Ser consciente de esa misión centra tu energía en el desarrollo de los poderes que necesitas para cumplirla.

- *Capacidad de aceptar o negar deseos ajenos.* La adopción de deseos que no provienen de ti puede modificar tu misión y tu visión personal.

- *Reconocimiento de sí mismo.* Si no te consideras lo suficientemente valioso como para tener dones y poderes, nunca te considerarás capaz de desarrollarlos.

- *Necesidad de reconocimiento de los demás.* La opinión de los demás será tan determinante para tu propia valoración como tú quieras que sea.

- *Poder de diferenciación entre lo que alimenta y lo que envenena.* Si crees que necesitas el amor agobiante o la responsabilidad excesiva de trabajo, difícilmente tendrás la libertad requerida para desarrollar tus poderes.

- *Capacidad de comprensión del otro.* Todos aquellos que nos rodean son nuestros maestros. Nos enseñan sobre nosotros mismos, sobre lo que no queremos ser o sobre cómo aprender a reaccionar ante una u otra situación. Si al toparte con una relación difícil, piensas en ella como una enseñanza, tu óptica sobre el problema cambiará y saldrás beneficiado, más que si únicamente te propones imponer tu limitada visión.

- *Capacidad de comprensión de ti mismo.* Esta capacidad suele vincularse con nuestra aptitud para entrar en contacto con nuestro interior y con nuestros deseos más profundos. Entendernos significa amarnos, cuidarnos y aceptarnos.

- *Posibilidad de enfrentar la realidad tal cual es.* Si conoces la realidad en profundidad, podrás cambiarla y disfrutarla. Idealizarla no te permitirá hacer los cambios necesarios.

- *Aceptación de lo no tangible.* La aceptación del mundo espiritual y energético te abre las puertas para entender mejor la totalidad de lo real. Una visión parcial del mundo impide tomar decisiones para resolver los problemas de raíz.

- *Forma de aprender.* Tu manera de aprender, así como las ideas que has aceptado y seleccionado, influyen en el desarrollo de tus poderes.

Los anteriores son los factores principales que te acercan o te alejan del conocimiento y del ejercicio de tus poderes.

¿Cómo encontrar tu misión y tu derecho a estar en la Tierra?

La posibilidad de establecer contacto con tu interior te aportará un cúmulo de necesarias respuestas. Si puedes entrar en contacto con la naturaleza de una manera no superficial, serás capaz de establecer contacto contigo mismo.

Nada en la Tierra te será negado si tú no lo permites. Quizá resulte difícil de comprender, pues algunos seres han vivido mil vidas para aceptar que tienen derecho a ser amados. Es más fácil pensar que somos víctimas del destino que asumir la responsabilidad de nuestra vida. Si comprender del todo una cuestión tan básica puede llevar tanto tiempo, entender que tienen derecho a vivir bien, a amar y ser correspondidos, a ser felices, puede ser una labor titánica.

Todo ser es necesario para el universo. No hay error: todos somos esenciales, únicos e irrepetibles. Sin embargo, muchos confunden la autoestima con la vanidad y con la sobrevaloración. En realidad, son cosas distintas. La vanidad es una manifestación de una autoestima destrozada. La autoestima es la conciencia de ser una nota en la sinfonía del universo.

¿Qué es la conciencia de la condición de único e irrepetible?

La energía de cada persona es única y, al mismo tiempo, es universal.

Al ser humano le atemoriza perderse en la multitud, pero también asumir la responsabilidad de ser alguien. Todo individuo es manifestación energética del universo; para estar vivo y para tener un concepto de ser, debe tener una dosis de vida energética del universo. Por consiguiente, al ser parte del universo cada uno de nosotros es necesario y todo lo que haga tiene un sentido, tiene un fin, importa. Esa conciencia es la que debería reinar entre las personas para entender su valía e importancia.

Es sabio asumir lo que somos y admitir que lo que cada quien puede dar, ser y hacer no lo puede dar, ser ni hacer nadie más.

Veamos ejemplos de problemas normales de la vida de las personas que provocan regresos a vidas tortuosas.

Ejemplo 1

Una mujer descubre que su pareja tiene otra y en un arranque de celos asesina a alguno de los dos. En este caso ¿en qué consiste el grave error? En creer que ella es sustituible. La otra persona nunca podrá dar a su pareja lo que ella le da;

si lo hubiera sabido y estuviera consciente de eso, no haría tonterías ni sufriría consecuencias durante muchas vidas. Este es un caso extremo, pero al fin y al cabo es el inicio de rencores y culpas que, de no trabajarse y perdonarse en esta vida, pasarán a las siguientes como ideas equivocadas.

En este ejemplo hay otra posibilidad: en lugar de asesinar, la esposa se autocastiga y sufre. ¿Por qué? Porque no sabe que lo que ella puede dar no puede darlo nadie más. Ese nivel de incomprensión le complica la vida.

Ejemplo 2

Quien tiene envidia de otro o aquel que cree que alguien le está quitando lo que es suyo, son personas que no están seguras de su potencial ni de su lugar en el mundo. No están conscientes de que lo que otros tengan no puede ser suyo y nada de lo que ellos poseen puede ser de alguien más; lo que es de otra persona es exclusivo de ella.

Conciencia de los propios errores y del perdón

Cuando alguien comprende a plenitud quién es, difícilmente mentirá sobre sí mismo y sobre lo que aparentemente hace mal. Esto es así porque sabe que todos nos equivocamos, pero, más que nada, sabe que puede remediarlo y aprender de sus errores.

Quien es capaz de descubrir su error, es capaz de enmendarlo; quien lo niega, no sólo no aprende sino que demuestra falta de fe en sí mismo.

El perdón, si bien representa un proceso largo, es muy necesario. El perdón a ti mismo es un inicio que no puedes soslayar. Si no te perdonas, no perdonarás a nadie.

Es pobre realmente quien no sabe
lo que hace bien y hace mal.
Es aún más pobre que aquel
que no tiene qué llevarse a la boca.

La conciencia de los aciertos es de vital importancia para poder seguir trabajando en algo ya realizado, para no perder tiempo, y para valorar con claridad la autoestima y quien se es.

Conciencia amorosa

Todos los días se realizan milagros, lo que hace falta es que alguien los vea.

Los milagros son manifestaciones del amor, ese milagro cotidiano que podría repetirse siempre de no ser por todos los obstáculos que tiene que vencer.

Para ser creador y receptor de milagros, el ser humano tiene que sobreponerse:

- A sí mismo.
- A lo aprendido.
- A las normas establecidas.
- A lo que se ha cargado durante varias vidas.
- A lo que decidió equivocadamente para apoderarse del amor.

Por eso es tan difícil, por eso es un milagro. Porque después de que tú hayas hecho todo eso, la otra persona también tendrá que hacerlo. Es un milagro que únicamente se da en quien está dispuesto a verlo y a luchar por él.

Conciencia del cuerpo físico

Muy pocos seres tienen conciencia de su cuerpo y, aun así, son más de los que son conscientes de otros ámbitos de la vida.

¿Quiénes poseen conciencia corporal? Los atletas, los bailarines, las personas que realizan algún tipo de movimiento, los que practican disciplinas como tai chi, yoga o cualquier actividad física. Estas disciplinas ayudan a desarrollar la conciencia.

Esta conciencia debe formar parte de tu vida. De no ser así, a partir de los 40 años surgen problemas de mal funcionamiento físico.

La conciencia del cuerpo es una manifestación de la estancia cómoda y alegre en la Tierra y no tiene que ver con la moda, el vestido, la bulimia, la anorexia o los estereotipos marcados por los fabricantes y las tiendas de ropa.

Conciencia de sus dones, misiones y caminos

Las personas no saben a dónde ir si no tienen para qué ir. No saben cómo ir si no tienen hacia dónde ir. No saben qué caminos seguir y qué opciones elegir si no hay un deseo generador.

La conciencia de la que hablamos es en realidad la conciencia del deseo. Posibilidades, caminos y opciones no son más que las herramientas para obtener deseos y si no hay deseos, nada hay por obtener.

Conocer la misión significa saber cuál es el punto al que se quiere llegar y al lado de quién se puede llegar a lo largo de varias vidas para poder realizar una sola misión; algunos seres realizan tres, cuatro o doscientas misiones en una vida.

Estas misiones se vinculan con la propia persona en lo referente al deseo. En cuanto al origen, los demás están para ayudar a cumplirlas.

Conciencia de la humildad y la grandeza

- Nadie que sea grande nació grande.
- Nadie que sea realmente grande se siente superior a nadie.

- Nadie que sepa lo que significa la realidad tendrá problemas de orgullo o de autoestima; la humildad es virtud de reyes.

- La humildad es saber quién soy, no expandirme ni despreciarme.

En el siguiente capítulo analizaremos un aspecto deslumbrante del ser humano: la autoestima, la valoración de uno mismo.

Colorea el mandala y disfruta estos momentos en serenidad.

7. Autoestima

El principio del amor es encontrar lo divino de nuestro ser.

El estudio de tu autoestima te dará los elementos necesarios para ejercer tus poderes. Ningún poder humano tiene cabida sin el motor amoroso de la fe en ti mismo.

SER QUIEN SE ES

El humor, la alegría, la felicidad, el amor, el sexo, el comer bien, el vivir bien, el tener lo que necesitas, envejecer o morir, son elementos comunes de la vida, suceden con naturalidad, son acontecimientos lógicos, normales. Vivir como quieres vivir en absoluto es extraordinario, es producto de tus facultades y derechos; ser quien eres y quien quieres ser es también lógico y normal.

DERECHO AL AMOR

Tú y tus congéneres, como hijos del universo, tienen derecho al amor universal. Como las flores o las estrellas, como los ríos o los árboles, tienen derecho a la vibración del amor y a la libertad o al aire para respirar.

Todos necesitamos ser amados y amar. Y, por más doloroso que eso sea, no hay que temerle al amor. Las malas experiencias en este sentido provienen de ideas equivocadas sobre el amor, pero cada encuentro con él es una oportunidad para enfrentarlo de otra forma.

Nada tienes que temer de ti mismo. Nada hay maligno en tu interior como para no tener el amor que deseas. Los resultados dependen de cómo concebimos el verdadero amor.

Para aclarar este punto, es importante realizar el Ejercicio Sobre el amor, presentado más adelante, en este capítulo.

RELACIONES BÁSICAS DEL SER HUMANO

Con uno mismo

Un obstáculo que enfrentamos al relacionarnos con nosotros mismos es la autoimposición de exigencias. En muchos casos estas se aprendieron en nuestro núcleo familiar; en otros, son mecanismos que desarrollamos para justificar nuestros fracasos o logros, o simplemente la autoimagen que nos hemos forjado. Idealizada o no, esta imagen siempre está permeada por la idea de lo que debemos ser.

Si comienzas por no exigirte y te brindas la oportunidad de conocerte mejor, te liberarás de la presión (autoimpuesta o aprendida) que te impide conocerte.

Aprender a no regañarte, a no perseguirte o a no juzgarte es el primer paso para mejorar la relación con tu ser. Si no logras tratar a este con ternura y con amor, difícilmente podrás expresar esos sentimientos a otros. Si aprendes a reconocer cuándo te regañas, estarás fomentando un cambio en tu patrón de conducta. Los dos pensamientos siguientes te ayudarán a este respecto:

1. Tú has sido tu compañero durante todas las vidas que has estado en la Tierra. En ellas sólo has contado contigo y has llegado hasta aquí. Eso significa que no lo has hecho del todo mal. Si hubiera sido así, no estarías donde estás ni tendrías lo que tienes. Entonces, si no lo has hecho tan mal, permítete estar contigo.

2. En cuanto empieces a regañarte, detente y observa el lado positivo de tus acciones. Regañarte no te lleva a parte alguna, no puedes pelear contigo mismo constantemente. Deshazte de ese tipo de conductas, aunque eso implique trabajo. No te regañes ni te quejes, de nada sirve. Lo mejor será verlo desde una perspectiva útil.

El ser como eres sólo tiene que satisfacer a una persona: a ti. No viniste al mundo a alcanzar los ideales de alguien más.

Con el círculo familiar

Es fundamental aprender a aceptar que no hay familias perfectas, pues, así como son el apoyo del que puedes disponer toda tu vida, también pueden ser un lastre que cargar.

Aceptar tus errores, perdonarlos y establecer los límites con los que cada miembro de la familia se sienta independiente, es la mejor forma de relacionarse en este ámbito.

Con el círculo de amistades

Uno de los regalos más importantes que una persona puede tener es un buen amigo.

La amistad es una de las formas de relación amorosa de las que más se aprende y por las que más almas regresan a la Tierra.

Tu reflejo en el otro, y viceversa, es una valiosa retroalimentación que, al estar desligada del interés sexual, te lleva a la profundidad de tu naturaleza y te ayuda a crecer en los aspectos intelectual y emocional.

Con la vida amorosa

Una experiencia de lo más provechosa para el desarrollo humano es la relación amorosa.

El amor de pareja es una forma de conocimiento propio y del otro, pero también es una herramienta para fortalecer la energía corporal y establecer un vínculo directo con la energía universal.

En consecuencia, toma en cuenta que las relaciones conflictivas o la inestabilidad emocional provocan problemas cotidianos, enfermedades y malestares físicos.

⚷ Ejercicio

Sobre el amor

Las reflexiones sobre el amor siempre buscan acercarnos a la virtud y a la emoción. Para ello es indispensable tener una clara concepción de amor. De ahí la importancia de resolver estas preguntas con aprecio y cariño hacia ti.

¿Cómo defino lo que es el amor?

¿Cuál es el amor que deseo tener?

¿Qué tendría con una pareja que no tendría con alguien más?

¿Qué podría darle al otro?

¿Para qué querría amar a alguien?

Después de la reflexión, llega el momento de establecer la conexión entre la idea de amor y la vida amorosa que has llevado hasta ahora.

Valora el amor que vives cada día; reconoce la presencia del amor en tu quehacer cotidiano; valora los pequeños actos de amor que haces cada día, como levantarte, observarte, dar de comer a tu familia, a tu mascota, a ti; cuidar de ti, de tu cuerpo. Tal vez algunos de los que vengan a tu mente no te parezcan actos de amor, pero lo son.

UBICACIÓN EN EL UNIVERSO

Cada uno de nosotros ocupa, en la película de la vida personal, el lugar del protagonista. Mientras sepas quién eres y qué quieres, lo que debas afrontar resultará más fácil.

Asegúrate de afirmar lo que piensas, sientes y dices en lugar de plantearlo a manera de pregunta; eso significa que funcionas como parte del universo y no como alguien que pide perdón por existir.

Cuestionario para mejorar la conciencia del ser

¿Quieres cambiar? Este es el momento.

El presente cuestionario te resultará útil cuando busques tener una conciencia distinta de la vida diaria y de la vida espiritual.

Lo que haces en esta vida y la conciencia que tienes de ello, son algo distinto de lo que se hace en el universo sin cuerpo y la conciencia de lo que se ha hecho ahí. Son dos conciencias que ayudan al enriquecimiento del ser.

Para encontrar este desarrollo, empieza por responder las siguientes preguntas:

¿Qué es lo que quiero ser?

¿Qué es lo que soy en este momento?

¿A quién satisfago con lo que hago? ¿A mí o a otros?

¿Cómo quiero ser tratado?

¿Cómo soy tratado?

¿Qué gano con ser tratado así?

¿A quién satisface ser tratado así?

¿Cómo quiero ser a corto, mediano y largo plazos?

¿Qué me gusta y qué no me gusta de ser como soy?

¿Qué es más fácil: aceptarlo o cambiarlo?

¿Qué amo de mí?

¿Qué detesto de mí?

¿Lo detesto porque me enseñaron a detestarlo?

⚷ Ejercicio

Sobre el ser, el hacer y las relaciones

Las ideas que tenemos sobre nosotros pueden incluso definirnos, pero también pueden ser equivocadas. Somos capaces de engañarnos, pero también de enfrentar esos engaños y convencernos de cambiar para ser lo que queremos ser en realidad. Si crees que eres de determinada manera, así serás. En el hacer está el ser.

Los otros nos dicen quiénes somos y nos ayudan a no engañarnos o a engañarnos, eso depende de a quiénes elegimos como compañía en la vida.

Los amigos son la familia que escogimos para acompañarnos a lo largo del camino. Son una bendición y una responsabilidad. La amistad, como las demás relaciones humanas, es una responsabilidad que nos ayuda a crecer como seres humanos y como seres espirituales. Elegir es un acto consciente; hacer que nuestra energía circule y llame a quienes pueden ayudarnos es, aunque no lo parezca, una decisión propia.

Para facilitar esta reflexión se diseñaron las preguntas siguientes, que paso a paso te vinculan con los demás seres humanos.

¿Qué tipo de vida social quiero tener?

¿Con qué tipo de personas quiero encontrarme?

¿A quién necesito junto a mí?

Si realmente lo quieres, estas personas llegarán.

⚷ Ejercicio

Autoestima

Este ejercicio te será útil para cambiar tu perspectiva de tu persona y aprender a valorarte. Haz tres listas:

· Una con todas las virtudes que crees tener.

· Una de todos los amigos y todas las personas que te rodean.

· Una de todas las cosas que agradeces a la vida.

Al terminar, revisa tu lista y date cuenta de que cada de estos puntos forma parte de tu riqueza, tu poder y tu tesoro, porque esas personas, esas virtudes, esas capacidades, esas cosas que tienes son lo que nadie te puede arrebatar.

Valoración del ser

La elección del género humano tiene una razón de ser que puede no estar consciente, pero es decisiva. Responde y detecta por qué escogiste nacer en el género femenino o en el masculino y por qué optaste por cierta preferencia sexual.

¿Qué es lo que me atrae de la esencia femenina?

¿Qué es lo que me atrae de la esencia masculina?

¿Cómo veo la vida de las mujeres y la de los hombres?

¿Me acepto tal cual soy?

¿Qué cambiaría de mi vida?

¿Cómo puedo hacerlo?

¿A qué me llevaría ese cambio?

Colorea el mandala y disfruta estos momentos en serenidad.

8. Proceso de autoconocimiento

Como ya se ha dicho, el proceso de conciencia implica conocerse, pero también es un trabajo en espiral: los diversos temas de la vida se repiten, lo cual nos permite aprender y aplicar los conocimientos y las herramientas adquiridos.

En este capítulo, presento algunas estrategias o puntos de vista útiles para conocerte y que conviene revisitar de cuando en cuando.

Tu esencia individual se compone de virtudes y poderes que te ayudan a enfrentar los problemas y a lograr tus propósitos y deseos.

Las virtudes

Las virtudes son energías o fuerzas que facilitan el establecer relaciones saludables, generar cambios positivos en nuestra vida y construir un ambiente de bienestar. Algunas de ellas son: alegría, amor, libertad, verdad, claridad, fuerza, creatividad, buen humor, fe, confianza y desapego.

⚷ Ejercicio

Aprovechar las virtudes

Prepara una lista de las virtudes que posees. No importa si es corta o extensa, sino que al pensar en ellas seas consciente de

---

la energía positiva que aplicas. De manera paulatina, podrás trabajar nuevas virtudes, si es necesario.

Las siguientes preguntas se relacionan con tu mayor virtud y tu manera de aprovecharla.

¿Cuál es mi mayor virtud?

¿Cómo ejerzo esta virtud: como me enseñaron o como quiero ejercerla?

¿Esta virtud me resulta problemática o me ha abierto puertas en la vida?

¿Qué deseo hacer con esa virtud: conservarla, cambiarla o darle otra perspectiva?

¿Soy capaz de apreciar las repercusiones (positivas y negativas) de esa virtud en mí y en mi entorno?

Ahora elige el que consideres tu peor defecto y responde las preguntas. Algunos ejemplos de defectos son: pereza, desconfianza, frialdad, malhumor, agresividad, terquedad, distracción, rencor, evasión y egoísmo, entre otros. Procura no castigarte y enfrenta estos pequeños demonios personales con buen ánimo.

¿Cuál es mi peor defecto?

¿Cómo ejerzo ese defecto: como me lo enseñaron o como quiero ejercerlo?

¿Este defecto me resulta problemático o me ha abierto puertas en la vida?

¿Qué deseo hacer con ese defecto: conservarlo, cambiarlo o darle otra perspectiva?

¿Soy capaz de apreciar las repercusiones (positivas y negativas) de ese defecto en mí y en mi entorno?

Reconoce y entiende la utilidad o las ganancias secundarias de ese defecto. Por ejemplo, una persona muy nerviosa o ansiosa tiende a prever problemas y dificultades; por tanto, puede tomar precauciones, aprender a prevenir problemas y enseñar a otros a hacer lo mismo.

Qué se aprende de estos ejercicios

Recuerda que tú eres lo que has podido hacer con la vida que escogiste, con las circunstancias y con las decisiones de los otros que la han afectado. No tiene caso que te juzgues, minimices o regañes.

Ya no valores las cosas como buenas o malas; piensa más bien en lo que quieres dentro y fuera de tu vida, con lo que puedes vivir o no. Esta perspectiva favorece una actitud dinámica y dispuesta a los cambios en lugar de conservar una postura culpable, paralizante o victimizadora.

Acostúmbrate a albergar pensamientos como estos:

Me transformo para hacer lo que quiero. Me transformo cuando yo quiero, no cuando las circunstancias me lo piden. Me transformo por necesidad de mi ser, no porque deba ser aceptado o quiera mimetizarme con alguien. Me transformo por voluntad del conocimiento, la sabiduría, lo más profundo que hay en mí. Me transformo como la gota de rocío, como una caricia a cada pétalo de cada flor.

La bondad de estos ejercicios de autoconocimiento es que te impulsan a cambiar, te hacen ver que no necesitas permanecer estancado en ciertas costumbres. Si te decides a lograr un cambio, tendrás opciones para llevar una vida rica y plena.

Considera que ya no tiene caso asumir una actitud crítica o punitiva hacia ti mismo ni hacia los demás. Reflexiona sobre si eres un experto en juzgarte o en juzgar a los demás y cuáles son las consecuencias de actuar de ese modo.

LOS DONES Y LAS HABILIDADES

Los dones y las habilidades son las acciones que tienes la posibilidad de realizar para resolver problemas y construir lo que deseas. Algunos ejemplos son: sanarte, diseñar planes, crear, renovar, construir, mediar problemas entre personas, liderar, comprender a los otros, curar con hierbas y flores, entender el universo por medio de las matemáticas, abrir oportunidades, aclarar confusiones, etcétera.

⚷ EJERCICIO

Explorar tus poderes

Las siguientes preguntas son útiles para explorar tus poderes, es decir, lo que puedes hacer y a veces no te atreves a aceptar. Respóndelas con calma.

¿Qué soy capaz de hacer? ¿Cuáles son mis poderes?

¿Que no soy capaz de hacer? ¿Estoy seguro?

¿Ejerzo mis poderes?

¿Dejo que se pierdan mis poderes (por no practicarlos, por desconfianza u otro factor)?

¿Qué poder me hace falta en este momento y no lo estoy ejerciendo?

En general, el ser humano es como un *iceberg* o un cenote del que no se conoce más que la superficie y, créeme, hay mucho más que ver. Otra función de estos ejercicios de autoconocimiento es ayudarte a profundizar en algo que no hubieras podido soñar o imaginar.

Sólo el miedo puede detenerte en este tipo de ejercicios, y este proviene del desconocimiento, de la idea de que es más sencillo tener miedo que actuar contra él. Sin embargo, cuanto más te conozcas y conozcas tu mundo, el miedo será cada vez menor pues lo enfrentarás con el conocimiento y tu transformación. La reflexión, el proceso de interiorización y, sobre todo, el planteamiento del deseo concreto, son factores que provocan el cambio. La energía que este irradia se establece a partir de tu capacidad de desear y de decidir que tu voluntad respalde a cada uno de estos deseos.

⚷ Ejercicio

Reconocer tus dones

Encontrar tus dones es el primer paso hacia la libertad de tu ser. Por tanto, revisa cuáles de los dones que desarrollaste en otras vidas conservas, de forma consciente o inconsciente.

Responde las preguntas siguientes.

¿Qué te hacía feliz de niño?

¿Con qué soñabas?

¿Cuándo dejaron de aparecer los sueños creativos?

¿Tienes una forma especial de resolver tu vida?

¿Te das cuenta de tus capacidades sin tener que compararte con alguien más?

Los ámbitos de la vida

Además de hacer un recuento de las virtudes y los poderes personales, conviene que evalúes el estado en que se encuentra tu vida por medio de los ámbitos en que influyen los elementos de la naturaleza; no sólo el tuyo, los cuatro están presentes en tu vida.

En este caso, te invito a que revises cada ámbito e identifiques tus puntos fuertes y los que necesitas desarrollar.

El ámbito de Tierra

Tierra es responsable de lo estable, lo cuidadoso, la vida cotidiana, lo que significa andar por el mundo con paz, tranquilidad y serenidad. Asimismo, es responsable de las formas de relación entre los elementos y de asentar a los seres en este planeta.

⚷ Ejercicio

Aspectos de Tierra

Por tanto, los aspectos que se relacionan con Tierra son el cuerpo, el trabajo y los recursos (como dinero y bienes materiales) que requieres para vivir en armonía.

Responde las preguntas siguientes.

¿Qué cuidados le das a tu cuerpo?

¿Cuál es tu actitud ante el trabajo?

¿Qué relación tienes con el dinero?

¿Te das la oportunidad disfrutar de la vida cotidiana? ¿Por qué?

El ámbito de Agua

Agua es responsable de todo lo que tiene que ver con la verdad, la comprensión de la sabiduría, el entendimiento. La sabiduría no es fija ni estable, es cambiante; de ahí la importancia de su capacidad de moverse en tres estados diferentes (sólido, líquido y gaseoso). Si tenemos problemas con Agua, es decir, con la verdad, nuestro planeta puede enfermar.

⚷ EJERCICIO

Aspectos de Agua

Agua tiene que ver con las relaciones interpersonales, las emociones y la intuición.

Responde las preguntas siguientes.

¿Eres capaz de identificar tus emociones? ¿Qué lo dificulta o qué lo hace sencillo?

¿Cómo te relacionas con la gente?

¿Dejas fluir tu intuición? ¿De qué manera puedes desarrollarla?

¿Qué verdades has asimilado? ¿Qué actitud tienes ante la verdad?

El ámbito de Fuego

Fuego es responsable de todo lo relativo al cambio y a la purificación; al entusiasmo, al poder, al reconocimiento de lo que se sabe y lo que se tiene. También es responsable de la fuerza de las personas, del impulso y del poder.

Ejercicio

Aspectos de Fuego

Por tanto, los aspectos que se relacionan con Fuego son las capacidades de cada persona de tomar decisiones, de cambiarse a sí misma y a su entorno y de crear nuevos caminos.

Responde las preguntas siguientes.

¿Qué puedes hacer para tener las riendas de tu vida?

¿Qué cambios generas en tu vida?

¿Cuál es tu actitud ante el juego y la aventura?

¿Cómo manejas tu energía para resolver problemas y lograr lo que deseas?

El ámbito de Aire

Aire es responsable de todo lo que implica la creatividad del alma, del juego y la libertad de hacer e inventar. También lo es de todo lo relacionado con el amor, porque el amor es libertad y no puede existir sin ella. No es posible amar una prisión o una atadura, sólo se ama lo que permite a la persona, ser verdaderamente.

⚷ EJERCICIO

Aspectos de Aire

Aire tiene que ver con el conocimiento, la comunicación, la independencia y el amor.

Responde las preguntas siguientes.

¿Cuán libre te sientes con tu vida? ¿Qué puedes hacer para liberarte?

¿Cómo es tu comunicación con los demás?

¿Compartes lo que aprendes y lo que tienes?

¿Qué actitud adoptas ante el conocimiento?

Estrategias para registrar el proceso

Dado que tendemos a olvidar lo que hacemos, sentimos o aprendemos, conviene que lleves un registro de tu desarrollo personal. De este modo, será más complicado que haya retrocesos y más sencillo que apliques lo que aprendas, y, a la vez, enfrentes tus retos con la conciencia de tus aprendizajes y tus herramientas.

⚷ Ejercicio

Cuaderno de reflexiones y observaciones

Este cuaderno te servirá para anotar lo que aprendas y te cuestiones sobre tu camino; es una forma de dejar huellas, y así, cuando necesites mirar hacia atrás, puedas valorar el camino andado.

Elige un cuaderno que sea fácil de llevar contigo y que te agrade. Escribe en él palabras o frases clave respecto a lo que has aprendido.

Si bien puedes escribir cuando lo desees, te sugerimos que fijes un periodo (hacerlo a diario o cada semana), para así fomentar el hábito.

⚷ EJERCICIO

El diario de sueños

Los sueños pueden dejar huella de las emociones y las ideas que viven en nosotros de manera inconsciente. Por tanto, registrar tus sueños te ayudará a traer a la luz muchas emociones, intuiciones e ideas. De este modo podrás recibir mensajes, nuevas alternativas a tus problemas o señales de alerta ante un conflicto.

Para trabajar los sueños, bríndate la oportunidad de recordar y de dejar fluir tus ideas. Como ya se mencionó, no temas a lo inconsciente o lo desconocido; cada vez que trabajes el mundo onírico abrirás un inmenso campo de intuiciones y sabiduría.

PARTE 2

¿QUÉ QUIERO?

Colorea el mandala y disfruta estos momentos en serenidad.

9. El deseo

Ser sano significa armonizar nuestro ser con el universo.
Ser sano significa aceptarse y aceptar el mundo como es.
Ser sano significa entender los deseos del hombre
como el motor del quehacer del hombre.
Ser sano significa entender el orden en que
el universo camina y nuestro lugar en ese orden.

DEFINICIÓN DE DESEO

Desear implica manifestar la esencia de un ser en acciones. El deseo guía nuestros pasos y nos lleva a donde queremos ir.

Cuando eres consciente, tus deseos son conscientes. Por supuesto, eso no quiere decir que los deseos se vuelvan fáciles de realizar; todos exigen un trabajo. Un deseo tomado desde la conciencia, no importa cuántas veces no se logre, acabará por cumplirse. Y, de no conseguirse, será porque el ser así lo decidió.

La médula de la infelicidad es pensar que se desea algo y trabajar en sentido contrario. Si se siguen los deseos, resulta más fácil escuchar y comprender que la voz interior es la voz de los ángeles. Esta tarea se facilita con la práctica de disciplinas que trabajan la meditación y la relación del cuerpo físico con la racionalidad y las emociones conscientes; por ejemplo, el yoga o el tai-chi, las actividades artísticas o la teoría budista de aprender a no desear. Esta última de hecho es la técnica para deshacerse de deseos aprendidos y encontrar el deseo real; es decir, regresar al centro, a la nada, volver a empezar y desear lo esencial.

Sin embargo, no saber desear debe tomarse como la posibilidad de aprender a hacerlo y no como una desventaja.

Todo sirve para aprender, para entender. Todos aprendemos de forma distinta, y eso no nos convierte en mejores o peores seres humanos.

La diversidad hace al universo más interesante, a los seres humanos más sabios y a los ángeles más felices, de ahí que todos tengamos lugar en él.

El objetivo energético de nuestra vida es equilibrar en una sola persona la armonía del ser con la del universo.

Es posible que un deseo consciente no se realice pues puede implicar dejar al descubierto la inconciencia de otros, y poner en juego la voluntad energética de otros seres; sólo los deseos elaborados desde la conciencia prevalecen y llegan a concretarse.

Cuando los individuos realizan sus sueños son capaces de enfrentar, modificar y aceptar su naturaleza. Son capaces de mirarse a sí mismos y ser felices. Así, cumplen con la misión que los trajo a esta reencarnación.

El deseo es el motor del ser humano. Los deseos aprendidos por otros se confunden con los propios y, de pronto, uno no sabe que cumple los deseos de otro en lugar de los suyos. Esta inconciencia causa frustración pues al lograr lo que se deseó no se encuentra la satisfacción que se anhelaba y se entra en conflicto. La solución es sencilla: basta ser consciente de lo que uno hace.

La mayoría de las personas aprenden a desear lo que sus padres o la sociedad consideran logros para disfrutar una vida feliz. En lugar de seguir sus propios deseos o prioridades, van en pos de deseos impuestos por otros; ese es el primer camino para perderse.

Cuando no seguimos nuestro deseo, caminamos en círculos. El deseo auténtico nos hace movernos en espiral; es decir, en forma ascendente hacia el conocimiento. Si bien pasamos por las mismas situaciones, la perspectiva desde la cual las contemplamos es distinta, al igual que las herramientas para enfrentarlas.

Tener conciencia y saber cuál es el deseo verdadero requiere acercarnos a nosotros mismos y aprender a escucharnos.

¿Qué es un deseo real?

Un deseo real, nacido del interior de nuestro ser, cumple intereses personales, su fin no es satisfacer a otros; y cuando se cuestiona su porqué, una de las respuestas obtenidas es "porque me hace sentir bien", o alguna otra razón que no puede explicarse con claridad.

Sólo cuando eres consciente eres capaz de generar deseos propios, no impuestos, no determinados por lo que debería ser, por lo que te enseñaron que era o por lo que crees que es. Deseos determinados por tu parte más sabia, por lo que eres, por lo que sabes, por lo que tienes, por tu capacidad.

Es una gran satisfacción ver que se cumplen los pequeños o grandes deseos personales, aquellos que no se proponen complacer o agradar a otros, sino lograr tu propia plenitud, y que parecen resolver todo mágicamente.

Eso es lo que suele conocerse como realizar la misión que escoges antes de venir al mundo; lo que lleva al bienestar, a sentirse a gusto con uno mismo, a tomar o retomar la alegría de la vida.

Mientras los deseos no sean claros, los ángeles no podrán enseñar caminos ni ser escuchados.

Cuando son claros, la ruta hacia ellos es recta. Como dije, muchos creen que quieren algo, pero hacen todo para no tenerlo. ¿Por qué? Básicamente por tres razones:

1. Porque en realidad no lo desean.

2. Porque tienen miedo a las consecuencias de obtenerlo.

3. Porque no creen merecerlo.

La vida conforma el momento y el lugar propicios para aprender, representa la maravillosa oportunidad de crecer y adquirir conocimientos. En ese entorno, que podría ser paradisiaco, asombra ver cómo los seres humanos siempre hacen algo en contra de lo que desean. El autosabotaje, la justificación ante todo y el dejar escapar las oportunidades, son algunos ejemplos de lo que hacemos para no cumplir nuestros sueños.

¿CÓMO SE DESEA?

Es complejo enseñar a un ser humano a estar en contacto consigo mismo. Esa es la meta principal de las disciplinas orientales y occidentales de meditación, trabajo físico o manejo energético. La tradición budista dice que hay que aprender a no desear, esto es, a deshacerse de los deseos aprendidos y encontrar el deseo real.

Hay almas que no necesitan buscar, que saben siempre lo que desean y hacia dónde dirigir ese deseo. Por el contrario, otras pueden pasar un sinfín de vidas sin saber desear y, en consecuencia, sin resolver o resolviendo a medias sus misiones; eso conduce a que su vida se colme de insatisfacción.

Primer paso

El primer paso para establecer ese contacto es observar nuestra sintomatología, que es la manifestación real del deseo del individuo. Pregúntate: "¿Qué me molesta? ¿Qué me alivia?

¿Qué debo resolver en mi cuerpo, en mis emociones y en mis ideas?". Es posible que en nuestro subconsciente aniden y se manifiesten deseos autodestructivos. Si el verdadero deseo de alguien es autodestruirse, lo logrará. Estos deseos son inconscientes y provocan que nos autosaboteemos; de ahí la importancia de la conciencia del deseo.

Segundo paso

El segundo paso consiste en identificar plenamente cuáles son nuestros deseos e indagar cuál es la mejor manera de ejecutarlos.

Tercer paso

El tercero tiene que ver con la ejecución: manejar la energía para lograr lo que deseamos. Aprender a manejar la energía es también aprender qué es lo que deseo de manera consciente e inconsciente. Si tu deseo es inconsciente no estás en posibilidades de manejarlo, tienes que volverlo consciente para que logres emplear tu energía de forma positiva. Conocer el inconsciente es una forma de entregar lo mejor de ti.

De este modo, la energía personal sirve para dirigir tu intención a un propósito, organizar las ideas, explorar y expresar tus emociones, actuar para lograr tus metas y comunicarte con los demás.

Los deseos del ser humano son tan poderosos que es difícil que no se cumplan.

¿Cómo tener claridad en un deseo?

Cuando consigues conectarte contigo mismo y comprendes que ese deseo te implica a ti antes que a nadie, entiendes que es genuinamente tuyo.

Considera que un deseo auténtico, que funciona como una corazonada, provoca alegría. Autorízate a realizar esos deseos que tanto te atraen, aquellos que entrañan un cambio satisfactorio en tu vida, y los que entrañan un ejercicio espiritual, el desarrollo de habilidades y poderes, así como una relación más saludable con el entorno y con los demás.

Ahora bien, si tu deseo se relaciona con algo que no es necesario, puedes hacerlo a un lado sin culpa y sin darle tantas vueltas.

¿Cómo lograr su ejecución?

Al tener claro tu deseo, lo siguiente es buscar la manera de realizarlo y trabajar en él. Todos los milagros del mundo se trabajan y todos los milagros son un deseo trabajado y cumplido.

La claridad en tus deseos aumenta la probabilidad de que los hagas realidad. Aunque te lleve mucho tiempo, lo cumplirás.

Todos los seres tienen características de los cuatro elementos de la naturaleza (Tierra, Agua, Fuego y Aire) y, como es de esperarse, cuanto más acordes estén con la naturaleza del elemento al que corresponde su nacimiento (con su quehacer, con su misión, con sus deseos), más felicidad alcanzarán.

Muchos temen enormemente ser mediocres, y por lo general se considera mediocre a quien no cumple lo que desea, en especial si se trata de un deseo impuesto por las normas. En realidad, mediocre es quien está donde no quiere estar, quien es lo que no quiere ser. A veces pareciera que no estamos a gusto con nuestro ser verdadero, pero no hay opción: tenemos que ser quienes somos. Es necesario conocernos y aceptarnos para poder amarnos. De otra forma entraremos en contradicciones que provocan infelicidad e impiden cumplir los deseos que podrían satisfacernos y nutrirnos.

Cuando alguien te habla de sus deseos y ves que no los cumple, es que no son reales.

Muchas personas aceptan ser réplicas de su padre o de su madre, o del hermano perfecto, en vez de ser quienes son. Aquellos que admiten esto en su vida van en contra de su esencia y pierden las virtudes que corresponden a este factor cósmico.

Lo que menciono ocurre sobre todo cuando alguien de Aire o Tierra es educado por una persona de Agua o Fuego. Al hablar de estas complejidades vale la pena tomar en cuenta que de todo lo que hacemos nada afecta y nada hace daño si no lo aceptamos por nosotros mismos. Quienes escogieron obedecer, agradar o seguir deseos de otros lo hacen porque no quieren cumplir con su misión y la aplazan para otra vida. Por ello muchos seres de un signo quizá no parezcan de ese signo o tengan características iguales a las del signo de su padre o madre o de quien los educó.

Lo interesante es cuando logran encontrar su propia voz. Se sabe que es en la adolescencia cuando el espíritu puede dar con ella, pero también en este momento puede perderse con más facilidad que en cualquier otra etapa de la vida.

Veamos a continuación cómo se desarrollan los deseos a lo largo de la vida. En algunos casos la misión por la que se renace se cumple antes y entonces inicia una nueva misión.

Desarrollo de los deseos en las etapas de la vida

Del nacimiento a los seis meses

Desde su concepción hasta los seis meses, el ser es consciente a un nivel casi astral. Los recuerdos de vidas pasadas están frescos y la recepción de todos los estímulos se magnifica o potencia diez veces; es decir, si sus padres pelean, siente la pelea diez veces más.

Aún no está claro su deseo original, exclusivamente el inmediato. En esta etapa, además de trabajar el desarrollo de sus sentidos en la Tierra, puede trabajarse la memoria de los verdaderos deseos que lo hicieron venir al mundo.

Es fundamental saber hacia dónde vamos y, por tanto, recordar a qué vinimos para que nuestra vida en la Tierra no sea tan complicada. Una técnica energética que ayuda a recordar los asuntos pendientes es la conocida como *sellar* y consiste en un movimiento circular de la muñeca con la palma extendida sobre diferentes centros energéticos, en distintas partes del cuerpo, que dependen de las etapas de la vida. En esta etapa, el movimiento se hace sobre la parte superior de la cabeza (en el séptimo chakra).

Las frases que más ayudan en este momento son:

¿Quién eres? Recuerda de dónde vienes y recuerda lo que quieres porque es lo único que realmente importa.

Lo que se plasma en esta etapa queda plasmado para siempre. Se sella en la parte superior de la cabeza.

El nombre que llevamos es decisión de nuestros padres, es una manifestación de los deseos de los padres sobre su hijo o hija y no de él o ella. Si fuéramos más conscientes, dejaríamos que los niños escogieran su nombre en la adolescencia, no lo impondríamos cuando no pueden opinar.

De los seis meses a los siete años de edad

En esta etapa se forma el ser que vivirá en la Tierra. La información que reciba en ella podrá usarla para la vida cotidiana por siempre; por consiguiente, si en esta etapa aprende a manipular, será manipulador por naturaleza. Si aprende a dejarse controlar por la ira, será un problema a resolver por lo que resta de su vida.

Entonces, en esta etapa se puede trabajar estas frases:

Escoge sólo lo bello y positivo de quienes te están cuidando ahora, no escojas defectos de otros y concéntrate sólo en los tuyos.

El sellado en esta etapa se realiza en la frente.

De los ocho a los 11 años

El niño que se encuentra entre los ocho y los once años de edad está desarrollando su cosmovisión personal. Lo que lee, oye y ve es muy importante para el desarrollo de su mente y de sí mismo. Su personalidad ya está hecha en este momento, lo que sigue es su desarrollo mental. ¿Cuál es el problema en esta etapa? Las influencias externas. Es ahora cuando hay que hacer consciente al ser de que su mente está al servicio de sus deseos y de lo que él considera lo mejor para su vida.

En estos años se desarrolla el deseo artístico. No todos los niños pueden ser artistas, pero todos pueden aprender a usar el arte para conservar su salud básica. En estos momentos debe iniciarse el uso de esta herramienta, si es que no se ha usado antes.

Se sella en la boca y se trabaja con esta frase:

Aprende a ser cuidadoso con tus pensamientos y tus emociones.

Adolescencia

La adolescencia es una etapa tan fundamental como difícil. Hay quienes a los 50 años siguen siendo adolescentes. No se cuenta con un parámetro para determinarla, pero es posible afirmar que si después de los 18 años una persona no ha podido definir sus deseos, no ha acabado su adolescencia.

Cuando se trata con adolescentes lo primero que se debe trabajar es con lo que quiere en la vida. Si un adolescente es capaz de conocer sus deseos con claridad y de diferenciarlos de los de sus padres o de los socialmente admitidos, aunque su camino sea tortuoso, difícil o complicado, llegará a cumplir su misión.

En la adolescencia lo primordial es descubrir los deseos originales del ser. Normalmente, estos son los que se recuerdan desde que se es un bebé y que se alimentaron en la época de la concepción del mundo y de la personalidad (de los ocho a los 11 años). Esta etapa es un resumen o un conglomerado de la experiencia de vida. Por eso puede haber una jovencita de 13 años más madura que una persona de 50, ya que comprende mejor la voz única e indispensable de cada uno.

Aquí el sellado se realiza en la boca del estómago y se plantea la pregunta:

¿Qué deseas hacer en esta vida?

Juventud

Al hablar de juventud hablamos de renacimiento, pero también de todo lo que se siembra para que la vida sea lo que se está buscando.

Antes de venir al mundo hay un deseo y cambiarlo o negarlo no significa necesariamente un problema; después de todo, la vida es un mundo de cambios. Quizá se pierdan relaciones que ya se tenían establecidas, o tal vez queden asuntos pendientes y se vuelva a problemas no resueltos en vidas pasadas. Todo depende del camino elegido y del libre albedrío de cada persona.

Aquí se sella en el corazón y se plantea la siguiente frase:

Busca la felicidad en todo lo que realices
en esta vida.

Edad adulta y vejez

En la edad adulta y en la vejez, los deseos son consecuencia de todo lo aprendido desde el nacimiento hasta la juventud. Ahora bien, si se hace un trabajo interior y se es flexible, es posible modificar los deseos establecidos en las etapas primarias de la vida o lo aprendido de manera equivocada.

EL LIBRE ALBEDRÍO Y EL DESEO

Cuando un ser no ejerce el libre albedrío de forma consciente, hablamos de alguien destruido; pero hay que saber que siempre se ejerce, bien sea de forma consciente o inconsciente. Cuando un ser no distingue los deseos impuestos de los propios, hablamos de alguien confundido. El contacto consigo mismo, la posibilidad de estar y actuar en específico han sido nulificados. La consecuencia es que esta persona no vive como debería, ni es lo que debe ser; es decir, hay una traición ética a su espíritu, padece problemas graves que se volverán físicos, incluyendo dolor y tristeza.

El conocer los propios deseos clarifica las emociones y las hace circular. La acumulación de emociones es tan maligna como su ausencia. Sólo se consigue el equilibrio perfecto entre ambos extremos cuando la persona se ha convertido en energía sublime y ese equilibrio ayuda a la expresión eficiente de las emociones.

EL LIBRE ALBEDRÍO Y LOS TIPOS DE DESEOS

Las probabilidades para cumplir nuestros deseos están determinadas por la intensidad con la que los sentimos y nuestro grado de necesidad de satisfacerlos.

Todas las posibilidades existen en la medida en que seamos capaces de imaginarlas. Mientras no seamos capaces de imaginar objetivos, no podremos imaginar su realización. La probabilidad está hecha de la estela que dejan los deseos del ser humano.

Las probabilidades se acomodan de acuerdo con lo que queremos aprender. Si nuestro deseo es difícil de cumplir, por lo común la razón es que, inconscientemente, deseamos experimentar todo el proceso para apreciarlo en su mayor valor. Si es fácil de realizar, es porque deseamos aprender sin complicar nuestra estancia en la Tierra.

La manera como deseamos también define a nuestro ser. Bien se trate de grandes aventuras o de deseos cotidianos, la medida del deseo nos define, pero no nos juzga. No es mejor quien más desea ni es peor quien tiene deseos pequeños, son sólo posturas distintas ante la vida.

Algunas de estas posturas se pueden definir de la siguiente manera:

- *Grandes aventuras:* Son deseos que nacen de la capacidad de pensar en lo que los demás no son capaces de concebir, y se construyen por un futuro, ya sea personal o para otros. Una gran hazaña puede consistir en encontrarte a ti mismo, pero también en cambiar la manera de pensar de los seres humanos.

- *Aventuras personales:* Son hazañas que tienen un reflejo inmediato en la vida personal. No están en función del bienestar colectivo sino en función de uno mismo.

- *Hazañas de todos los días:* Se trata de aquellos deseos para quienes el hacer cotidiano implica dejar huella en el mundo. Quien labra todos los días la tierra le está dando de comer al mundo, aunque no se percate del gran valor de su quehacer cotidiano.

- *Rutinarios:* Se trata de deseos que alberga quien se ha negado a considerarse como único y especial o quien piensa que ser uno más ya es una hazaña.

Todos podemos modificar nuestros deseos y alcanzar cualquiera de esas maneras de ver la vida en diferentes etapas de nuestro desarrollo. En un momento dado, una persona que ha dedicado su vida a grandes hazañas, descubre que no ha hecho nada por sí misma y entonces establece un deseo rutinario o una hazaña cotidiana como su nuevo objetivo. También es posible que alguien termine su vida de manera completamente contraria a la que siempre acostumbró. Esto es síntoma de una falta de comprensión de la vejez. Sin embargo, este caso es de los menos nocivos; el problema se presenta cuando en plena madurez hay una confusión en cuanto a qué es lo que en realidad se quiere ser y hacer.

En el nivel de la conciencia, el individuo que tiene deseos de tipo cotidiano muestra un desarrollo más importante que quien únicamente ve por sí mismo. De cualquier modo, todas las posturas y todos los deseos son importantes para llegar a la conciencia.

Por lo regular los seres humanos que emprenden grandes hazañas llegan a ser conscientes, sobre todo cuando esas hazañas son cercanas al entendimiento de la naturaleza humana o de la energía universal.

Quienes realizan hazañas de todos los días son muy importantes para sí mismos y para los demás. Lo más común es que su conciencia crezca a un ritmo lento, pero continuo. Dos ejemplos son Galileo y Darwin. Ellos lograron un cambio absoluto en la concepción humana que nos hizo conscientes de nuestro verdadero lugar en el universo. ¿Por qué? Porque todos los días lucharon por modificar la manera de pensar de aquellos a su alrededor, a pesar de sus contradicciones; tenían clara conciencia de quiénes eran y cuál era su misión. Este tipo de conciencia, aunque no fuera espiritual, ayuda a que nuestro nivel de salud crezca y a que se cumpla nuestra misión.

Todas las acciones humanas tienen repercusiones en los seres que habitan nuestro mundo y en el universo entero. Esas repercusiones son manifestaciones de energía. El individuo más sencillo, el menos complejo, dejará marca en quienes lo rodean o en el universo mismo, la cual dependerá de qué legado quiere dejar, en un nivel consciente o inconsciente. Lo paradójico e interesante es que, aun la peor marca que puede dejar una persona —como la muerte, el dolor o la tortura—, puede volverse positiva si uno solo de los receptores de sus acciones usó la experiencia para cambiar su forma de pensar o para acercarse a la conciencia.

Esto quiere decir que nuestro libre albedrío también se ejerce decidiendo si capitalizamos las experiencias de nuestra vida de forma positiva o negativa.

Los deseos no cumplidos pueden ser en realidad manifestaciones de deseos reales, pero inconscientes, que sí se están cumpliendo. Por ejemplo, algunos dicen: "Quiero ganarme la lotería", y la ganarán si su deseo es real. Mas la mayoría de las personas prefiere no tener abundancia para poder quejarse. Nadie admitirá que su verdadero deseo es ser fracasado porque ello acarrea muchas ventajas, una de las cuales es no hacerse responsable de su vida, no sufrir la presión de otros o despertar conmiseración. Ese deseo inconsciente está en proceso de realización.

Materializamos los deseos conscientes a partir de la confianza de que son auténticos deseos propios; es decir, que se originan desde el corazón y no contradicen la ideología, la ética o la integridad personales. Por ejemplo, si tú le preguntas a todos tus seres cercanos si quieren ganar la lotería, te dirán que sí; pero si les preguntas si piensan que el dinero es bueno, su respuesta será "No". Entonces, ¿cómo quieren ganarse la lotería si piensan que el dinero es malo?

Las contradicciones de este tipo hacen que la realización de los deseos se convierta en un camino de conocimiento que señala las ideas preconcebidas y las cuestiona.

Otro aspecto que retrasa el cumplimiento de los deseos es tener muchos a la vez. Si bien eso no es negativo, provoca que se entregue un mínimo de energía a cada actividad. Se construye con el paso del tiempo y no todo al mismo tiempo; y si además se desea rapidez, se llega a un punto de frustración que en absoluto es positivo. En este caso, lo que se aprende es la paciencia.

Si pensamos en un deseo con toda la energía, se cumplirá, pero si esta se divide entre muchos deseos, lograrlos llevará más tiempo, sin implicar que no puedan cumplirse.

Cuando los deseos no son claros o se tiene la sensación de que son muchos o variados, es necesario establecer prioridades. Al hacerlo, lograremos interiorizar y tocar nuestra esencia; así será sencillo encontrar el deseo esencial y ser capaz de definirlo con mucha más nitidez.

DESEOS SEGÚN EL ELEMENTO AL QUE PERTENECEMOS

De acuerdo con su elemento, la persona busca cierto tipo de deseos y actúa de manera específica para lograrlos. Esto se debe a los diferentes procesos y misiones planteados para cada elemento. Por ejemplo, una persona de Fuego o de Agua requiere enfrentar miedos, culpas y verdades que pueden ser muy incómodos; por tanto, sus deseos se relacionan con la curación o la purificación y esto, por lo general, traza un camino intenso, creativo, errático o conflictivo. En cambio, es común que una persona de Aire o Tierra tenga deseos relacionados con la construcción y la comunicación, por lo que su manera de actuar tenderá a ser más concentrada, relajada, fría o dispersa.

Es importante saber a qué elemento perteneces y si la elaboración de tus deseos concuerda con el cuadro que presento a continuación; o bien, si tus decisiones están marcadas por algo o alguien más.

Cuadro 9.1 Los deseos y los elementos

Elemento	Características y funcionamiento de su deseo
Aire (Acuario, Géminis, Libra)	El deseo es el motor que hace volar a las personas nacidas en este elemento; es decir, sus deseos los liberan, les aportan conocimientos y herramientas. Normalmente están relacionados con la necesidad de libertad.
	Mientras se tenga la libertad de ejercer el libre albedrío, el crecimiento es enorme. Si se niega la libertad, los deseos se confunden. Por tanto, para estas personas es vital distinguir sus deseos y su esencia de los de otros a su alrededor.
Tierra (Capricornio, Tauro, Virgo)	Se manifiestan como propósitos, esto es, como proyectos concretos, con etapas que construyen el deseo gradualmente. Al actuar, los seres de este elemento son muy tenaces, con metas claras por conseguir.
	Su mejor herramienta es la perseverancia.
Fuego (Aries, Leo, Sagitario)	Sus deseos se manifiestan con arrojo o ímpetu; en muchas ocasiones parecen caprichos. Los deseos auténticos nacen de un brío verdadero y profundo.
	Suelen implicar cambios radicales y profundos, por lo que requieren la valentía, el entusiasmo y la creatividad naturales de estos seres.
	Equivocarse al desear puede acarrear consecuencias muy graves. Por tanto, mientras luchan por lograr sus deseos, necesitan trabajar con la purificación y el perdón.
Agua (Cáncer, Escorpión, Piscis)	Si los deseos no les parecen realistas difícilmente los aceptarán como propios. Entonces, requieren abrirse a la intuición para valorarlos y aceptarlos. Los deseos más cercanos a la esencia del ser se refieren a la aceptación de la realidad. Como ya comenté, implican una comprensión no racional y más emotiva de la vida.
	La tenacidad de estas personas es muy parecida a la de los seres de Tierra.

Si notas que tus deseos o tu manera de actuar corresponden a un elemento que no es el tuyo, es necesario que trabajes con la liberación de tu esencia, es decir, que te autorices a ser tú mismo.

Por lo general, mucha gente no actúa de acuerdo con su signo pues lo considera negativo o inmaduro (por ideas equivocadas o juicios de la sociedad o de la familia).

Considera que en la cultura occidental se subestima a la intuición y a las emociones; por tanto, alguien de Fuego o Agua puede dejar de lado sus características; o bien, alguien de Aire prefiere atarse a compromisos laborales o familiares (o de cualquier índole) para no parecer irresponsable.

Sin embargo, al trabajar tu esencia, puedes aprovechar lo positivo del elemento que adoptaste durante un tiempo, pero no dejes que reprima tu naturaleza.

Cómo se desea según los signos astrológicos

Siguiendo las ideas anteriores, cabe ahondar en que las personas actúan y desean de manera más peculiar, de acuerdo con su signo astrológico.

El Cuadro 9.2 es más específico que el anterior, ya que indica la forma en que los nacidos bajo cada signo astrológico manifiestan sus deseos.

Para hacerlo más comprensible lo dividimos en tres partes:

• El deseo expresado por los signos simbolizados con un niño (Aries, Tauro, Géminis y Cáncer). Eso quiere decir que las personas de estos signos tienden a albergar deseos que les permitan explorar su entorno, desarrollar habilidades y formarse una visión del mundo.

- El deseo expresado por los signos que representan la edad adolescente (Leo, Virgo, Libra y Escorpión). Estos tienen que ver con el reconocimiento y la validación de la identidad personal, el descubrimiento de ideas, emociones, habilidades y herramientas para la vida.

- El deseo expresado por los signos simbolizados por un adulto (Sagitario, Capricornio, Acuario y Piscis). Sus deseos tienen que ver con compartir lo aprendido, perfeccionar lo que se ha logrado, comunicar y entregar.

(Véase el Cuadro 9.2.)

⚿ EJERCICIO

Trabajo con las cartas

Si no te reconoces con las características de tu signo, descubre con cuáles sí te identificas y sí estas pertenecen a alguien cercano a ti, o las adquiriste de alguna persona que admiras.

De esta manera podrás entender la forma en que aprendiste a desear.

Decide si te conviene o no seguir con las características que no pertenecen a tu esencia aunque no sean realmente las que corresponden a tu esencia.

Te sugiero tomar esta importante decisión en absoluto silencio y en conciencia.

Cuadro 9.2 Deseos y símbolos de los signos

Expresión del deseo	Fuego	Tierra	Aire	Agua
Niño	Aries Vivaz, alegre, juguetón Expresa sus deseos como reclamos infantiles	Tauro Tenaz, obcecado Una vez que encuentra el deseo, puede llegar a convertirlo en una obsesión	Géminis Reflexivo, intelectual, divertido Expresa su deseo como una negociación Diversidad de intereses Deseo puede convertirse en un problema o en una virtud según lo decida	Cáncer Interioriza, se protege Consigue sus deseos manipulando Su deseo implica tener poder sobre otros o sobre sí mismo
Adolescente	Leo Necesita la autoafirmación, es vanidoso Deseos egoístas, que se centran en sí mismo Necesita identificar si basa su deseo desde el ser interno o desde la soberbia	Virgo Indeciso Pudoroso, limpio Calla el deseo, para que otros lo adivinen Necesita definirse Deseos contradictorios	Libra Necesidad de perfección, belleza y placer Manipulación por medio del encanto y la seducción	Escorpión Retraído Calla el deseo y manipula para que los demás lo cumplan Voluntad infalible
Adulto	Sagitario Talentoso y creativo Sus deseos tienen que ver con entender el mundo y dar sentido a su vida o a la de otros Imposición a otros	Capricornio Hay terquedad, pero actúa Trabaja y trabaja, aunque el deseo no valga la pena	Acuario Establece el deseo a partir de la idea de que todo es posible Dispersión de energía que puede alejarlo de la realidad	Piscis Difícilmente entiende cuál es su deseo Retraído, cae en círculos viciosos Conflicto consigo mismo

Colorea el mandala y disfruta estos momentos en serenidad.

10. La voluntad

Definición de voluntad

La voluntad es una fuerza creativa determinada por la visión que cada ser humano tiene del mundo y de sí mismo.

Es también una característica de la personalidad que proviene de la fuerza, del poder y de las motivaciones para lograr un deseo. Tiene que ver con el libre albedrío de actuar de manera precisa y alcanzar una meta.

La voluntad es un don que los seres humanos no han valorado ni entendido por completo; es la creadora de todo lo que existe en el mundo, en el cauce de la creación y la destrucción. Su existencia o su ausencia siempre responde al deseo del hombre.

La voluntad nace del deseo de realizar alguna actividad. Por consiguiente, es fruto del descubrimiento o del establecimiento de un deseo. No aparece antes.

No se vincula con sentimientos negativos o sensaciones encontradas, sino con el deseo profundo que nace desde el fondo del corazón y nos motiva a realizar todo lo que hacemos. Sirve para manifestar todas las emociones y conseguir lo que nos proponemos.

Cualquier acto de la vida necesita de esta energía para llevarse a cabo y para llegar a buen término.

Hablemos de la voluntad según los elementos.

- *Aire:* Por lo general, los seres de Aire tienen esta virtud al inicio de un proyecto o de un deseo, pero a la mitad del camino la pierden pues ya no están interesados en el deseo inicial.

- *Tierra:* Los seres de Tierra, en primer lugar los de Capricornio y en segundo los de Tauro, tienen muy marcada la tendencia a terminar las cosas y a cumplir cualquier objetivo que se propongan.

- *Fuego:* En los seres de Fuego, la voluntad es fundamental, tanto así que algunas veces se muestran voluntariosos o berrinchudos con tal de obtener su deseo.

- *Agua:* Los seres de Agua necesitan trabajar esta cualidad, ya que no los caracteriza. Sin embargo, cuando existe en ellos, es sutil, amable y persistente, como la corriente de un río que erosiona las piedras y abre su camino.

Cuestionario: Breve valoración de tu voluntad

Para darte cuenta de cómo manejas tu voluntad, te invitamos a que resuelvas el siguiente cuestionario. Recuerda que, como en los cuestionarios anteriores, es necesario que trabajes sólo para ti mismo, con respeto y cariño.

Cuando decides empezar un proyecto lo realizas de manera...

Total   Parcial   No lo realizas

¿Qué te motiva a terminar un proyecto, meta o deseo?

Cuando te detienes, ¿descubres y entiendes las razones?

¿La actitud que tienes hacia cada decisión de tu vida es repetitiva? ¿Por qué piensas que es así?

¿Cumples con tus compromisos?

Colorea el mandala y disfruta estos momentos en serenidad.

11. Proceso para conocer los deseos propios

La vida es el momento de aprender.

Primer paso: desintoxicación

El proceso de desintoxicación es físico, mental y espiritual. Si eres capaz de reconocer tus deseos es porque has podido deshacerte de los aprendidos de otros, y has reconocido las ideas equivocadas que te provocan emociones limitantes.

El primer paso en este proceso es la desintoxicación física, la cual propiciará que te sientas mejor y con la fuerza necesaria para enfrentar lo desconocido de ti mismo. Cuán fuerte o cuán sutil debe ser esta purificación depende de cada caso, así como de a qué signo y a qué elemento perteneces.

A diferencia de lo que casi todos creen, la purificación no es un proceso de disciplina y limitaciones. De hecho, hacer ayunos muy fuertes o tomar medidas drásticas no sirve para todos los signos y para algunos puede ser incluso contraproducente.

En el siguiente cuadro se incluyen diversas actividades que ayudan a purificar cada elemento y cuya práctica puede ser profundamente placentera. El objetivo es alejarnos de las emociones dañinas, esa es la mejor forma de purificarnos.

El fuego funciona de una manera distinta a los demás elementos, al ser purificación en sí mismo; por ello, las acciones para purificarlo implican un mayor esfuerzo que en los otros elementos.

Cuadro 11.1 Trabajo de purificación por elemento

Elemento	Signo	Lo que purifica la energía
Tierra	Capricornio	La práctica de la sexualidad y todo tipo de placeres terrenales
	Tauro	Meditación practicada cerca de árboles y rocas
	Virgo	Comidas sofisticadas acompañadas de vino
Agua	Cáncer	Alimentación con verduras y frutas
	Escorpión	Baños perfumados, baños en aguas termales, entre otros, con agua fría sirven para desintoxicar y con agua caliente, para relajar
	Piscis	Escuchar sonidos de ballenas y delfines Contacto con el mar
Fuego	Aries	Baños de agua fría diarios o constantes
	Leo	Eliminación de comida de origen animal en las dietas Meditación
	Sagitario	Cualquier tipo de ejercicio espiritual o físico
Aire	Acuario	Abrir todas las puertas y ventanas del lugar en el que se vive
	Géminis	Inciensos o flores olorosas Escuchar música, sobre todo de compositores como Bach y Mozart
	Libra	

Si haces un ejercicio que corresponde a otro elemento, te sentirás bien, pero nunca tanto como cuando realizas los correspondientes al tuyo. Si tienes curiosidad, lleva a cabo las purificaciones y desintoxicaciones. Estas te conducirán a un crecimiento mayor porque estarás en contacto contigo mismo desde diversas facetas.

La purificación también incluye tu casa. Deshacerte de las cosas viejas o inútiles sirve para dejar un espacio que llenarán los nuevos deseos. No puede pensarse con claridad en una cabeza llena de ideas contradictorias, y tampoco puede vivirse con claridad ni comodidad en una casa llena de cosas. La claridad debe empezar en el exterior para reflejarse en tu interior.

Acciones que inician un cambio en ti y en tu vida

- Limpia tu espacio: Atrévete a deshacerte de lo innecesario y a regalar o tirar lo que ya no tiene importancia en tu vida (por ejemplo, los dibujos de preescolar, los cuadernos de la primaria, lo inútil que guardas en libreros, armarios, escritorios, y más); ello abrirá espacio para las cosas nuevas que tu vida necesita.

- Limpia tu mente: Reflexiona sobre qué conceptos de los que te enseñaron tus padres, hermanos, maestros y otros son útiles. Desechar las ideas que ya no lo son o que representan obstáculos para tu desarrollo te dará una nueva estructura emocional y de pensamiento. Esto es indispensable para emprender un nuevo camino hacia tu interior.

Segundo paso: cuestionamiento de los deseos propios

Una vez que la purificación ha tenido lugar en la parte física y terrena de tu ser, comienza a concentrar energía para alcanzar un objetivo; es decir, plantea preguntas cuyas respuestas sean tu próximo proyecto de vida.

Cuestionario del deseo

El presente cuestionario sirve como preparativo para la lectura del oráculo. Su objetivo presente cuestionario centrar las expectativas de nuestra mente.

Las preguntas que más necesitamos hacernos cuando estamos en un proceso como este son las siguientes.

¿Qué es lo que no me gusta de mi vida?

¿Por qué no me deshago de ello?

¿Cómo sería mi vida ideal?

¿Cómo creo que pueda conseguir gozar de mi vida ideal?

Con las respuestas a estas cuatro preguntas, que puedes aplicar a todos los aspectos de tu vida, estarás mucho más cerca de hacer consciente tu deseo.

La gran pregunta por responder (y tal vez requiera mucho tiempo) es: si ya se consultó el oráculo y se obtuvo una visión clara del deseo, ¿por qué no se ha cumplido? Las respuestas más comunes son:

- Porque no es un deseo albergado en tu interior.

- Porque en realidad el hecho de fracasar satisface el deseo de otra persona o un deseo inconfesable tuyo, que no estás viendo.

- Porque involucra las voluntades de otros.

- Porque el cumplirlo te provoca más miedo que otra cosa.

- Porque el no cumplirlo es parte del camino de tu misión en esta vida.

Una vez hecha esta reflexión, el siguiente paso será aplicarla a los deseos que sí se han cumplido. Y es que todos tenemos al menos un deseo cumplido, que permite entender cómo deseamos y cómo funcionamos cuando cumplimos nuestros deseos.

Con este fin te propongo que respondas al siguiente cuestionario.

Cuestionario del deseo cumplido

¿Cómo se cumplió este deseo?

¿Qué hizo que se cumpliera?

¿Qué consecuencias tuvo que se cumpliera?

¿Cómo me hizo sentir cumplirlo?

TERCER PASO: ANÁLISIS DE LA ENERGÍA Y LOS DESEOS CUMPLIDOS

Este análisis se basa en los deseos que has tenido o que crees haber tenido y no se han cumplido.

El tercer paso consiste en examinar los resultados obtenidos a partir de nuestros deseos durante el último año. Con ello, sabremos qué queremos y qué hemos intentado para cumplir dichos propósitos y sueños: ¿Son deseos propios? ¿Hemos obtenido resultados de deseos reales de los cuales no somos conscientes?

De nuevo me remito al cuestionario del deseo ubicado en la página 130 de este libro como guía para esta reflexión.

Aunque parezca extraño, contestar estas preguntas te dará una conciencia especial sobre tu capacidad y los poderes con que cuentas para tomar las riendas de tu vida.

Este análisis es un largo camino hacia lo que no conocemos de nosotros mismos, y puede implicar afrontar verdades que no hemos sido capaces de confesarnos o que tememos. En cualquier caso, tengamos en mente que se trata del único camino que realmente nos conduce a nosotros mismos y que hacerle frente es el cambio más radical que podemos hacer tanto en nuestra vida como en el devenir de nuestra alma por el universo.

Aunque en un principio parezca imposible, muchos de quienes hemos seguido esta vía podemos certificar que es posible hacerlo y vale la pena el esfuerzo.

CUARTO PASO: ELABORACIÓN DE UN PLAN

La elaboración de un plan requiere que, una vez que sepamos con claridad lo que queremos y en qué situación nos encontramos, analicemos las posibilidades de su realización y pensemos en las posibles consecuencias.

Buscar las herramientas para realizar los deseos cuando ya se tienen claros es sencillo pues se vuelven asuntos muy concretos: ahorrar, estudiar, buscar opciones de otros trabajos, aprender algo, entre otros.

También es conveniente estudiar el plan que inconscientemente elaboramos antes, para saber cómo funciona y procurar no repetir esquemas que no nos ayudan.

El proceso más lógico para encontrar tu deseo sería comenzar a aplicar, frente a cualquier confusión, los cuatro pasos mencionados: desintoxicación, cuestionamiento de los deseos, análisis de la energía y elaboración de un plan. Verás que ello te facilitará la toma de decisiones y que tu cuerpo físico se sentirá mejor, dado que estas acciones, por mínimas que sean, liberan energía o la encauzan al lugar correcto.

Colorea el mandala y disfruta estos momentos en serenidad.

12. Herramientas para evaluar el camino hacia tu deseo

Para encontrar el camino, lo mejor es siempre regresar al centro, a la nada y volver a desear.

Las herramientas que aquí abordaremos nos ayudan a ver y entender la verdad y, con ello, a apreciar nuestra situación, nuestros verdaderos deseos; el estado real en el que se encuentran y el proceso que seguimos.

Máximas sobre los deseos y sus síntomas

Para aclarar lo que hemos obtenido con nuestra forma actual de desear podemos hacer un análisis básico guiándonos con las siguientes máximas:

- Si obtengo lo contrario a lo que deseo, esto me indica que mi deseo no proviene de la esencia de mi ser o en realidad estoy deseando lo opuesto.
- Si obtengo el deseo en su totalidad, es que eso era justo lo que deseaba.
- Si obtengo una parte de mi deseo, debo seguir trabajando sobre mi energía en función de él y revisar si estoy decidido o no a pensar en que se cumpla por completo.

El simple hecho de tener conciencia de qué deseamos nos da el poder de manejar su realización. Cuando expresamos un deseo verdadero, este sale de nosotros mismos, de nuestro cuerpo; hay conciencia de lo que se desea y en ella radica la certeza del deseo.

Los deseos entrañan muchas paradojas. Por ejemplo, cuando has pasado toda tu vida deseando lo que te enseñaron que debes desear, te das cuenta de que has hecho exactamente lo que otros querían. O cuando has perseguido un sueño durante muchos años y al obtenerlo, te percatas de que no es lo que esperabas. Esto es consecuencia de no ser consciente de lo que deseas o de albergar deseos que te fueron impuestos; también se relaciona con los autosabotajes que eres capaz de infringirte.

El autosabotaje es un mecanismo humano que se ampara en las justificaciones y que en muchos casos se usa para materializar deseos secretos e inconfesables. Por ejemplo, el hijo cuya vida es completamente inútil y en el fondo eso es lo que desea pues busca complacer a su madre, quien quiere un hijo inútil para cuidarlo toda su vida. Los deseos de este tipo no son confesables por ser ilógicos y sustentarse en un círculo vicioso, en el cual las acciones se basan en ideas equivocadas que se ratifican en el autosabotaje y en los resultados de esos deseos ilógicos.

Si sigues tu voz interna, no importa si tu deseo se parece o no al de tus padres, al de tu pareja o al de cualquier otro ser a tu alrededor. Lo que importa es encontrar el verdadero deseo y renunciar a todos los que no son tuyos. Cuando el deseo es real, no tiene relevancia si se parece o no al de otros.

Respecto a todas estas reflexiones, es esencial reconocer que podemos aprender de los errores y los aciertos, del sufrimiento y el placer. Hay que adoptar una actitud abierta al aprendizaje. Por ello, sugiero que te conduzcas con más amor, comprensión y respeto hacia ti mismo. Así podrás construir una forma de aprendizaje más placentera y eficiente. De este modo, si descubres aspectos negativos en ti o en tu vida, será más fácil que cambies y emprendas un camino que te ayude a resolver los problemas.

Formas de concentración de la energía

Trabajar con formas de concentración es trabajar con los fundamentos de la energía del cuerpo humano. Como hemos visto, la energía del cuerpo está relacionada con:

- Lo que comemos
- El lugar en el que vivimos
- Lo que miramos
- El color con que vestimos
- Nuestra relación con el entorno
- Los seres que nos rodean: humanos, animales y otros

Gran parte de la salud es y será siempre una cuestión del entorno, ya que este afecta directamente la carga energética. Es necesario tomar en cuenta estos aspectos al trabajar en el cumplimiento de un deseo.

La concentración es una forma de mantener a la mente y a la energía en un solo punto, como en un libro o en las imágenes en una pantalla. Las formas de concentración pueden variar y, por supuesto, también el provecho que de ellas se obtiene. Con ellas se puede acrecentar o disminuir nuestra energía corporal.

Las formas de concentración abarcan desde el estudio escolar hasta técnicas orientales de manejo energético (yoga, tai chi, etcétera).

La mejor forma de concentración para llegar a nuestro ser profundo es la que se realiza en un ambiente natural, aunque cualquiera puede conducirnos a nosotros mismos, siempre y cuando se elija la apertura.

El ejercicio de alguna disciplina artística (fotografía, escultura, danza, música, entre otras) fomenta el enlace con tus cuerpos sutiles (dígase el alma). Un pintor situado frente a su tela te dirá que primero piensa un poco en lo que va a hacer pero después, sus emociones entran en equilibrio con sus pensamientos, entabla una profunda comunicación consigo mismo y, por tanto, aunque sea por un momento, con la sabiduría universal.

En esos momentos se genera la creatividad y puede llegarse, incluso, a hacer conexión con otros estados de conciencia o con el recuerdo de vidas pasadas.

Además, la concentración puede fomentar la magia y la posibilidad de utilizar tu energía más sutil de maneras distintas al común denominador de los seres humanos: la telequinesis, la comunicación telepática o los sueños, o la recepción y transmisión de mensajes de otras dimensiones.

Este trabajo de concentración tiene que ver con la necesidad de convivir con los demás en armonía, tolerancia y aceptación; con no limitarnos o aceptar lo que los demás imponen o encuentran; con atrevernos a ir más allá de nuestro cuerpo físico. Para ello, lo único por hacer es aprender a desearlo y tener el valor de dar un paso hacia nosotros mismos, que es tanto como dar un paso hacia el universo.

Aprender a sanar a otros (por ejemplo, mediante polaridad, reiki, terapia craneosacral o chamanismo) también es una forma de concentración, ya que la energía se dirige con un objetivo.

Cuando un músico escribe música o un artista ejerce su profesión, meditan varias horas al día, ya que ambas actividades son formas de concentración de energía positiva valiosas tanto para quienes las practican como para quienes los rodean. Aunque suele afirmarse que es difícil vivir junto a un artista, también es cierto que gran parte de la limpieza de la energía universal se debe a los que hacen arte.

Todo aquel que logre conectarse consigo mismo para expresar algo es un artista. En otras palabras, quien logra entablar contacto con su ser para transformarlo en un objeto expresivo bello es un artista, porque dedica su vida a encontrar el camino que lo lleve a sí mismo y al estudio de su entorno para ser capaz de expresar algo. Eso será una auténtica sublimación de energía en su entorno cercano y, como consecuencia, para la humanidad entera.

El artista es aquel que se ha dedicado a decir, a plasmar y, por tanto, a buscar un desarrollo técnico, espiritual, mental y emocional dirigido a tocarse y a expresarlo a otros. Los artistas, en la mayoría de los casos, son quienes limpian casi todos los errores humanos.

Un artista es menor cuando su contacto consigo mismo es mínimo, cuando sólo funciona según una serie de acuerdos sociales; es decir, cuando expresarse no es lo que le parece importante, sino ser reconocido por la sociedad. Esta persona lo mismo podría haber sido artista que plomero, obrero, ejecutivo de una empresa, o desempeñar cualquier otro oficio. La razón es que usa al arte como forma de inserción social y no como un medio de conocimiento, conjunción, interiorización, expresión, estimulación y, por supuesto, lo que es más importante, como un acto de amor a sí mismo y al mundo.

Ese mundo único que somos los seres humanos no siempre puede expresarse con palabras; por ello, el hombre usa símbolos, íconos o imágenes.

El origen de toda simbología, y del arte, responde a la falta de las palabras exactas para decir la verdad. Cuando las palabras se acaban, usamos metáforas; cuando las metáforas no sirven, usamos imágenes o sonidos, o bien, movimientos. Es decir, recurrimos a cualquiera de las artes que han existido y existirán, sin importar el grado de sofisticación técnica que requieran.

Todo aquel que desprecia el arte, se insensibiliza a sí mismo. De igual manera, todo aquel que no se acerque a la ciencia no entenderá el mundo que lo rodea.

Los seres humanos dividimos las cosas para poder estudiarlas y entenderlas, pero debemos recordar que hay una totalidad en el conocimiento; que no es posible separar el arte del conocimiento científico de manera contundente. Finalmente, el ser humano es una especie animal y, en consecuencia, pertenece al todo.

La falta de conciencia o cercanía con esto es lo que causa que perdamos el rumbo, momento en el cual se confunden los valores y la angustia de la existencia inunda nuestra vida. El efecto extremo del olvido del ser provoca las situaciones límite.

Situaciones límite y sus resoluciones

¿Qué es una situación límite?

Una situación límite sucede cuando llegas a sentirte atrapado, no ves opciones y empiezas a tener problemas que pueden derivar en asesinatos, locura, drogadicción, alcoholismo o violencia.

¿Cómo llegamos a esas situaciones? En principio, me permito recordar lo que ya mencioné: el deseo del ser humano es su mejor herramienta o su peor arma. Es muy posible que hayamos escogido esa situación límite como medio para cumplir nuestra misión, o que se trate de deseos inconscientes que nos remiten al autosabotaje.

Cuando alcanzamos un crecimiento y un nivel de conciencia mínimos, disfrutamos de serenidad, capacidad de tomar decisiones y analizar las situaciones con visión y sabiduría. Sin embargo, con conciencia o sin ella, puede haber situaciones límite como la enfermedad o el enfrentamiento con la muerte.

Para resolverlas, requerimos entrar en un proceso de conciencia y cuestionarnos: "¿Qué es lo que quiero?, ¿quiero acabar con esa situación límite?, ¿quiero acabar con esa situación que no me permite lograr mis deseos?".

Existe un conjuro que, al ser usado en este tipo de situaciones y según la carga energética que se le otorgue, puede terminar con las situaciones límite de manera radical. Pero si no hay una necesidad real, o no se está seguro de querer acabar con ella o transformarla, el conjuro podría resultar sumamente perjudicial. Se podría perder todo lo que se tiene, como veremos a continuación.

Conjuro para una situación límite

Pronuncia este poderoso conjuro en cualquier situación de este tipo.

Frente a uno, las plantas esparcen pétalos blancos y bendicen con toda la fuerza de la conciencia y el deseo que en mi vida fraguan todo lo que estorba, todo lo que me detiene para ser quien quiero ser y para hacer lo que quiero hacer.

El cambio de estructura de vida no es fácil de enfrentar, lo recomendable es emprenderlo de manera paulatina, aunque también es cierto que en ciertos momentos el cambio radical es la única opción.

¿En qué se distingue esta herramienta de los demás elementos del proceso de conciencia?

La diferencia básica es el grado de claridad de tu relación contigo mismo y con lo que deseas.

Si no te resulta evidente que el deseo que tienes no es tuyo, harás este conjuro para cumplir el deseo de otra persona; así, puedes destruir tu estructura de vida en nombre de un deseo que no proviene de ti.

Es esencial saber a la perfección cuál es tu deseo y cuáles son tus convicciones. Cuanto más conciencia tengas, mejor nivel de salud lograrás, más capaz serás de hacer este conjuro y menos peligro correrás.

SALUDO A LAS DIRECCIONES

Esta técnica ayuda a ubicar nuestra conciencia en el universo. Originalmente proviene de las antiguas culturas mexicanas, sobre todo la náhuatl y la maya.

Se comienza por saludar a los cuatro puntos cardinales con el pensamiento, con el cuerpo y, de ser posible, con esencias olorosas, como copal o incienso.

La idea central es que al saber en qué lugar estás podrás saber el lugar que tienes en la vida.

Los elementos pueden vivir en los puntos cardinales, por lo que hay muchas variantes para este ritual. Por ejemplo, se puede saludar a cada punto cardinal con un objeto que represente un elemento, o las cuatro cosas a las que tienes destinado el día; es decir, tus cuatro objetivos.

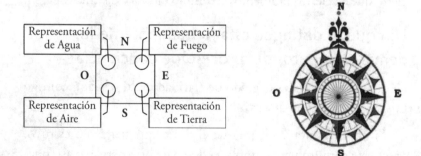

Cuando hemos perdido la dirección o nos agobian muchas circunstancias, podemos usar la técnica de establecer cuatro objetivos por día y relacionarlos con un elemento. Por ejemplo, un objetivo de Aire sería lograr una comunicación certera con otra persona; uno de Tierra, lograr avanzar en una construcción; uno de Agua, aprender algo determinado, y uno de Fuego, cambiar algo que nos molesta. Eso te ayudará a ubicarte, a centrar tu atención y a tomar decisiones sobre los nuevos caminos que emprenderás. Además, el hecho de resolver pequeñas cosas de manera constante todos los días, permite que la sensación de agobio y angustia disminuya.

Otra variante, un poco más completa, y que se recomienda cuando la ubicación se necesita en la parte emocional y espiritual de nuestra vida, es hacer un saludo a las siete direcciones: norte, sur, este, oeste, arriba, abajo y al centro del corazón.

Todo estudio del ser humano sirve para ubicarlo en el espacio, en relación con los demás seres humano, en su conciencia, y para que se ubique a sí mismo en un lugar que no se encuentra ni por encima ni por debajo de los demás. Estos métodos sirven en particular para que las personas aprendan a unirse consigo mismas y a realizar sus propios deseos.

Lecciones que son misiones de vida

Hay muchas situaciones difíciles o maravillosas que surgen en nuestra vida y que, aunque no seamos conscientes de ello, al lograr resolverlas cumplimos con nuestra misión en esta existencia o, al menos, con una parte de ella.

Para aprovechar estas lecciones en toda su magnitud es imprescindible ser capaces de tomar las riendas de nuestra vida y hacernos responsables de nuestros actos. Eso cambia nuestra autoestima, pero también nuestra imagen frente a los otros.

¿Cómo seguir un proceso para asumir la responsabilidad de tus actos y de tu vida?

Empieza por la conciencia de tu estado de salud en todos los aspectos de la vida, la conciencia de tu lugar en el universo, la conciencia de lo que debes y lo que necesitas, la conciencia de los que te rodean y viceversa.

Tenemos que cambiar nuestra concepción de responsabilidad, ya que la pensamos como una atadura, cuando en realidad ser responsable representa, en primera instancia, la única manera de liberarnos de la culpa y del resentimiento contra nosotros mismos, y en segunda, significa que se ha hecho lo posible en ese momento, aunque fuese sólo ofrecer una disculpa. Se ha actuado y eso es lo que nos libera de las situaciones.

Las lecciones son una misión de vida: aprender a amar, a olvidar, a llorar, a entregar alegría, a construir, etcétera. Cuando hemos cumplido con nuestra misión, la sensación de tranquilidad que nos invade es enorme. Entonces, podemos disfrutar lo que resta de nuestra existencia sobre la Tierra o buscar una nueva misión; eso depende de nuestro libre albedrío.

Recuerdos de esta vida y de otras

Recordar es una elección personal y, por tanto, un ejercicio del libre albedrío. También lo es analizar lo que queremos recordar, y por qué escogemos recordar eso en específico. Recordar nos hace conscientes de nuestra misión, de nuestros objetivos reales y de nuestros deseos verdaderos.

Recordar suele ser una tarea para la parte más sabia de cada ser humano, ya que lo hacemos aun cuando el ser consciente no quiera. En esos momentos lo mejor es intentar intuir o encontrar qué desea expresarnos nuestro interior; de ahí empezarán a surgir ideas nuevas.

Por otra parte, todos los seres humanos tenemos la opción de olvidar o de aceptar recordar. Hablamos de un proceso muy complejo, tanto que algunos seres han escogido dedicarse por completo a esa misión, y por lo común se trata de hijos de Agua o de Fuego.

FORMA Y CONCEPTO DEL SER

Hablar de forma es hablar de conceptos.

Los conceptos son parte de la sabiduría universal y de la vida cotidiana de los seres humanos.

Un concepto implica claridad, una idea que puede hacer que otros entiendan un punto de vista.

Un concepto es la manera en que el pensamiento sabe convertirse en realidad. Parte de una energía derivada de un deseo y es una gota de sabiduría.

Los conceptos son las ideas más importantes, pero no todas las ideas más importantes son conceptos; todo depende del uso que se les dé.

Una virtud, un ángel y un arcángel son una esencia, son energía.

Cada una de estas virtudes puede tener un concepto diferente para cada uno de los seres humanos. Por ejemplo, si tú crees que el amor equivale a que te griten y te insulten, eso es lo que recibirás; si crees que el amor es sufrir por alguien, sufrirás pero no tendrás amor.

Por consiguiente, hasta que adquieras conciencia de que el amor es una energía de vida, de comprensión, de creatividad, de expansión de tu alma; que es un sentimiento que al brindarlo no necesitarás que te den porque dar es en sí mismo un tener para ti y porque la presencia del amor en tu ser hará que todo lo que te rodea sea luminoso y enriquecedor, lograrás entender realmente la naturaleza del amor universal.

Entonces el amor se convertirá en la capacidad de dejar libre al otro o la posibilidad de decir: "No importa si estoy contigo o no, lo que importa es que tú seas feliz".

Las personas pueden transformar su idea de amor hasta llegar al amor mismo, al esencial, al que hermana, al que une, al que hace girar a un mundo o a un universo.

Sin embargo, eso únicamente sucede a medida que crece el nivel de conciencia. Todas las virtudes o ángeles funcionan de idéntica manera.

Por otro lado, te invito a tomar en cuenta que el ser humano no siempre es capaz de ver la contraparte de lo que hace o dice. Por eso, una de las principales premisas es que se debe desear siempre de forma positiva, constructiva y creativa para que ambos extremos de la energía se compensen. Desear de manera negativa mantiene la atención en aquello que rechazamos; de manera paradójica, la negación atrae.

Por ejemplo, cuando decimos algo como: "No me van a volver a asaltar", haces vibrar exactamente esa parte negativa, con lo que aumenta la probabilidad de que vuelvan a asaltarte. Lo negativo, al igual que lo positivo, forma un círculo de energía; por eso a veces tenemos la sensación de que todo lo malo o lo bueno pasa al mismo tiempo, experimentamos rachas de "buena" o "mala" suerte. Por eso, desear en forma positiva, sin titubeos y sin cambiar la esencia del deseo, nos otorga la enorme posibilidad de que este se realice, pues nuestra energía está centrada en un camino directo. Por ejemplo: "Quiero vivir en tranquilidad".

Trabajo de enlace entre lo sagrado y lo cotidiano

Todo en la vida cotidiana es sagrado.

Cuando limpiamos nuestra casa o nuestro cuerpo hacemos un ejercicio de purificación.

Cocinar o comprar alimentos es un ejercicio de nutrición y, por tanto, de crecimiento. El tipo de vida que llevamos depende de cómo nos nutrimos.

Todo acto del ser humano es sagrado en cierta medida; la única excepción es el asesinato o la agresión, aun cuando hay formas de muerte que sí son sagradas.

Por ejemplo, el suicidio puede considerarse sagrado cuando existe una profunda conciencia de transición; cuando esta muerte elegida no deja marca ni huella ni derrame de sangre; cuando se decide morir durmiendo, se manifiesta una labor de conciencia, una labor que implica una transición aceptada y una valoración del ser que permite transmutarse sin enfermedad o dolor. Ese ser se dio permiso de partir sin sufrimiento.

No es lo común, pero sería lo más deseable: resolver todos los asuntos antes de partir y dejar las misiones cumplidas; desapegarte de lo que puede perturbarte en el futuro (es decir, en una siguiente reencarnación).

En cualquier caso, la muerte forma parte de nuestra cotidianidad y ser capaces de enfrentarla con alegría resulta una valiosa medicina para el alma.

Lo sagrado estará en todo lo que seamos capaces de ver con ojos divinos, al observar que somos parte de algo mucho más grande y mucho más sabio que nuestra limitada realidad.

⚷ EJERCICIO

Cuaderno de los deseos

Una manera de evaluar la energía que pones en tus deseos es crear un cuaderno de los deseos.

Este se construye con hojas de papel arroz, que se encuadernan o cosen, y para escribir en él lo mejor será usar una pluma de tinta dorada o un lápiz de este color.

Para valorar un deseo, escríbelo en una hoja del cuaderno. Si lo haces sin dificultades, eso demostrará que la energía está bien puesta. Si el papel se rompe o se derrama la tinta, ello indicará que hay energía de más. Si no logras escribirlo por completo o la anotación queda en un color suave, será señal de que falta energía o que esta no está bastante desarrollada para cumplir el deseo.

Procura conservar todas estas pruebas para que, en retrospectiva, tengas una valoración de cómo se va desarrollando la energía: ¿se fortalece?, ¿se trabaja de manera más eficiente?, ¿qué falta trabajar?

Colorea el mandala y disfruta estos momentos en serenidad.

Colorea el mandala y disfruta estos momentos en serenidad.

PARTE 3

¿EN DÓNDE ESTOY
Y A DÓNDE VOY?
EL ORÁCULO DE
LOS DESEOS

Colorea el mandala y disfruta estos momentos en serenidad.

13. Oráculo de los deseos y oráculo de la voluntad

Uso del oráculo de los deseos

Este oráculo nos permitirá saber cuál es el origen de nuestro deseo y si nuestra voluntad se enfoca en la dirección correcta para cumplirlo. Para ello, hay que partir de la conciencia; es decir, necesitamos realizar un trabajo previo de reflexión con el fin de definir nuestro deseo verdadero en este momento de nuestra vida.

Los resultados obtenidos al consultar el oráculo son impredecibles. Probablemente nos demuestren que ese deseo que creíamos completamente nuestro no es sino una imposición de nuestros padres o de la sociedad. También tal vez aunque se trate de un auténtico deseo propio, nuestra voluntad, inconscientemente, esté en contra de lograrlo.

En todo caso, la que aquí presento es una herramienta que ayuda a traer al plano consciente actitudes que pueden estar trabajando en contra de nosotros mismos. Nos ayuda a ubicar la problemática de nuestro autosabotaje o de nuestra falta de fe en lo que hacemos y queremos.

Comencemos por aceptar que no hay deseos buenos o malos, correctos o incorrectos. Hay deseos nuestros o deseos impuestos, deseos conscientes y deseos inconscientes, deseos constructivos y deseos

153

autodestructivos. Todos llevan al aprendizaje, por muy complejos o terribles que nos parezcan.

Podemos decidir aprender a desear de otra forma, podemos decidir cumplir o no nuestros deseos. Pero no vale la pena juzgarlos, porque en el fondo nos estaríamos juzgando o regañando a nosotros mismos, y lo que importa es entendernos y actuar en consecuencia.

LA SIMBOLOGÍA DEL ORÁCULO

El oráculo se compone de dos grupos de símbolos: cinco para los deseos y cuatro para la voluntad. A continuación presento el significado de cada símbolo.

Símbolos del oráculo de los deseos

Deseo propio

Es el símbolo del deseo propio del ser, el generado por la esencia y basado en la necesidad del humano para ser lo que en realidad quiere ser, para cumplir su misión y actuar acorde consigo mismo.

Según el grado de conciencia y el aprendizaje del ser, el deseo real puede ser constructivo o destructivo. Si la persona está siguiendo ideas equivocadas, es probable que desee autodestruirse. Si está en contacto con su sabiduría y asume una actitud placentera, generará deseos que la lleven al desarrollo de sus poderes o al establecimiento de relaciones enriquecedoras.

El deseo más profundo parte del centro mismo del cuerpo físico y siempre es claro y contundente.

Deseo impuesto por los padres

Hay deseos impuestos por los padres que generalmente son una carga, un peso que aplasta al ser real, al ser esencial; pero también hay deseos de padres en la Tierra que coinciden con los de sus hijos o que ayudan a que estos se cumplan.

Por tanto, este símbolo impuesto no significa necesariamente que el deseo sea destructivo o inútil. Muchos creen que todo lo que sus padres hacen está mal y otros, que es sagrado. Ninguna de las dos aseveraciones es por completo cierta. Para distinguir si el deseo es conflictivo o armónico con el ser interior, se requiere que el consultante saque otra carta. Si no corresponde a la del deseo propio, entonces sí hablamos de uno que se convierte en una carga.

Cuando se tiene un deseo impuesto por los padres que no coincide con el deseo real, recomiendo quemarlo, desecharlo de nuestra vida porque obstaculiza nuestro camino. Hacerlo resulta complicado pues puede crear un enorme conflicto y significar una ruptura en la manera de relacionarse con los padres o concebirlos.

Cabe aclarar que el deseo puede eliminarse o conservarse; es una decisión personal. Yo recomiendo que se queme, que se dé la ruptura, aunque a algunos les lleva cincuenta, treinta o veinte vidas deshacerse de un deseo así.

Si aún tienes dudas, conviene que saques una tercera carta. Si es la del deseo de vidas pasadas, ello implicará que el deseo te fue impuesto no sólo por tus padres en esta vida sino también por los de vidas anteriores. Es decir, llevas varias vidas dedicado a cumplir los deseos de ellos y no los tuyos.

Tal condición causa un significativo impacto e incluso una crisis que implica un cambio de vida. Si esta transcurre positivamente, será una enorme ganancia; de no ser así, se convertirá en un conflicto que debe resolverse en cualquier momento. De todas maneras, habrá una ganancia de por medio, aunque no se perciba de forma inmediata o consciente.

Deseo impuesto por la razón

Esta carta representa el deseo de hacer lo correcto, aunque no incluya tus emociones; el deseo de hacer lo que te conviene, aunque —y suena paradójico— te haga infeliz.

Este deseo no incluye todas las facetas de tu vida. Está regido por las ideas, equivocadas o acertadas, que has escogido sin tomarla como un todo.

Puede provocar mucha infelicidad, pero también representar el comienzo de un cuestionamiento de las ideas en las que has basado tu vida y que quizá no son tan ciertas como crees.

Recuerda, te recomiendo desechar estos deseos porque no abarcan la totalidad del ser.

Deseo que proviene de vidas pasadas

Los deseos que no se cumplieron en otras vidas[1] o que quedaron pendientes en el alma pueden viajar de manera inconsciente de una vida a otra. Esto se debe a que dejaron una marca muy fuerte en otros momentos de nuestra rueda kármica.

Lo recomendable es no sacar más cartas y quemar ese deseo. Nadie tiene por qué cumplir deseos que datan de cien años atrás o más. Sin embargo, en caso de sacar la carta de la voluntad a favor, es prudente sacar una segunda carta y, si es la del deseo real y verdadero, entonces cumplirlo.

Deseo que proviene de la sociedad

Hay deseos impuestos por la sociedad que implican situaciones como ejercer una profesión que no es la que en realidad quieres, pero con la que puedes sobrevivir de acuerdo con el medio en el que vives.

---

1 Para obtener mayor información sobre vidas pasadas y su uso terapéutico, consulta: www.sabiduriadeluniverso.com

Esto sucede, por ejemplo, en un país que no te permite dedicarte a determinadas actividades o no autoriza la existencia de ciertas instituciones, o en comunidades que limitan una parte de tus deseos.

La recomendación es quemar o deshacerte de ese deseo, siempre y cuando la segunda carta que saques no sea el símbolo del deseo real, pues en ese caso el deseo de la sociedad coincide con el tuyo.

Si ello implica un conflicto y sólo en este caso, hay que sacar la tercera carta. Si esta proviene de los padres, querrá decir que ese deseo es una imposición social con la que han tenido que lidiar los padres y quieren que su hijo haga lo mismo. Como ya mencioné, es decisión del consultante seguir o no con ese deseo.

Símbolos del oráculo de la voluntad

Voluntad a favor

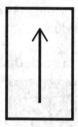

Esta carta simboliza que la voluntad del consultante está trabajando de la manera más eficiente para cumplir el deseo.

Voluntad en conflicto

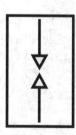

La voluntad no está decidida. Hay dudas, conscientes o inconscientes, sobre el cumplimiento de esta misión, incluso miedo o inseguridad sobre el deseo real. El conflicto suscitado provoca contradicciones en nuestros pensamientos, emociones y acciones. Esta carta nos demuestra que es necesario reflexionar.

Voluntad en contra

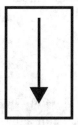

La voluntad se opone por completo a cumplir el deseo, en general, de manera inconsciente. Todo lo que se hace va en dirección contraria al deseo. En este caso, la reflexión deberá centrarse en el miedo o en las razones genuinas por las que cumplir este deseo puede representar un peligro para el consultante.

Voluntad confundida

Una parte de nosotros no quiere ver este deseo como propio. Tal vez porque intuimos que nos ha sido impuesto o porque se refiere a un miedo originado en otras vidas (por ejemplo, cuando cumplir ese deseo conllevaba un castigo ejemplar o una persecución) o bien, a nuestras ideas equivocadas.

PREPARACIÓN DE LA SESIÓN DE LECTURA

Ya vimos que el objetivo de este oráculo es encontrar cuál es el lugar del deseo, desde dónde lo estamos elaborando y qué hacer para entender si puede realizarse o no.

Es una herramienta invaluable para reconocer si en un inicio el deseo no se manifestó como esperábamos y con el paso del tiempo llegaremos a tener la certeza del nacimiento de un nuevo deseo sustentado desde nuestro ser.

Instrucciones

Consultor: Como en todo trabajo sagrado, coloca sobre la mesa una vela encendida, un vaso con agua y una campana. Toca esta al inicio de la sesión.

Consultante: Centra la vista en la llama hasta que esta se aquiete. Así focalizarás tu energía en la claridad. Después, anota en serenidad tu deseo en un papel delgado (de arroz, preferentemente) y ponlo sobre la mesa bajo la vela.

Es fundamental que lo redactes en forma breve y positiva, nunca como una negación o una pregunta.

Ejemplo

Incorrecto: "Ya no quiero que haya guerras."

Correcto: "Deseo que haya paz."

REALIZACIÓN DE LA SESIÓN DE LECTURA

Consultor: Divide las cartas en dos mazos (el de los deseos y el de la voluntad) y ponlos boca abajo.

Coloca el oráculo de los deseos arriba del de la voluntad (como se muestra en la imagen).

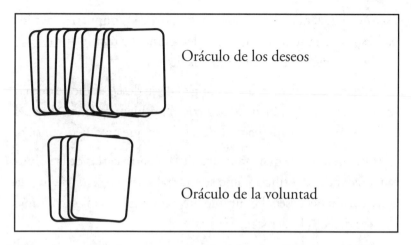

Oráculo de los deseos

Oráculo de la voluntad

Consultante: Pasa la mano izquierda sobre las diez cartas de deseos y escoge una que te dirá si se trata de un deseo que es: propio; impuesto por la sociedad; impuesto por tus padres; proveniente de vidas pasadas, o dictado por la razón.

Si la carta del deseo no es la del deseo real, saca una segunda carta para ver el origen.

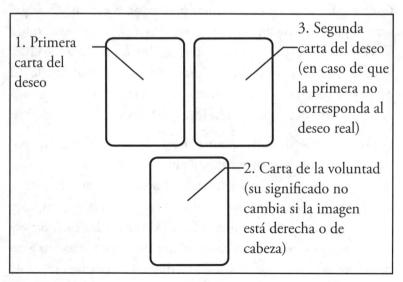

1. Primera carta del deseo

3. Segunda carta del deseo (en caso de que la primera no corresponda al deseo real)

2. Carta de la voluntad (su significado no cambia si la imagen está derecha o de cabeza)

Consultor: Aclara al consultante que hay deseos impuestos por los padres o por la sociedad que pueden coincidir con los propios y guíalo para detectar el origen de sus deseos.

Al darse cuenta de cuál es el origen de su deseo, indícale que en sus manos está decidir quedarse con él, o bien, quemar el papel en forma ritual para deshacerse de ese deseo que no quiere consigo.

Después, pídele que saque una de las cuatro cartas de la voluntad, buscando identificar cómo se está trabajando la energía para la consecución del deseo. Por último, invítalo a que decida si continúa con ese deseo o lo desecha.

Breve explicación

Consultor: Comunica al consultante que esta parte del oráculo se dirige a purificar la voluntad y dedicarla a lo que en realidad se busca. Cuando un deseo no se está cumpliendo, hay que ver qué ocurre con la voluntad.

Consultante: Tomando en cuenta lo anterior, si deseas investigar sobre algún tema o suceso y sacas un deseo de otras vidas, quizá se refiera a un objetivo que te impusiste durante muchas de estas. Si sacas la carta de voluntad en favor y como segunda carta la del deseo verdadero, sabrás, con certeza, que estás trabajando con toda tu voluntad y tu energía por una idea que tuviste hace tres mil años.

Consultor: Cabe destacar que hay casos difíciles de aceptar; por ejemplo, cuando alguien pregunta por un deseo y este resulta ser de sus padres, al sacar la segunda carta no aparece el deseo real y la voluntad se aprecia como el camino recto. Eso es preocupante porque significa que se ha entregado una vida a los deseos de otros y que ese ser no sabe cuál es su deseo real. El resultado sería una gran crisis, por la falta de un motor o una directriz que guíe sus pasos.

Saber esto puede aportar muchos beneficios, pero también conducir al consultante a una depresión muy profunda, a una crisis que es necesaria y, como siempre, pasajera.

Algunas personas —aunque el oráculo diga que están en un camino plagado de deseos ajenos— deciden seguir con el deseo equivocado. Si eso ocurre con el consultante, recuerda que el libre albedrío es un derecho inalienable del ser humano y nadie puede ni debe interferir en ello.

Consultante: Los deseos de la razón son aquellos regidos por una idea. Si sacas como segunda carta la del deseo real, este debe cumplirse; pero si sale alguna otra, como la de vidas pasadas, eso señalará que te has aferrado a una idea desde tiempo atrás. En esta situación, recomiendo que te deshagas de ese deseo; sobre todo, si sale el símbolo de la voluntad en favor, que significa que se da todo por una idea de cien años atrás.

Consultor: ¿Qué sucede cuando el deseo es real? Guía al consultante como sigue.

Consultante: Si encuentras que tu deseo es el real, dobla el pequeño papel donde lo escribiste y ponlo debajo de una vela blanca. Deja que se consuma la vela. Una vez consumida, dejará un dibujo de cera en el recipiente, el cual dirá cómo va el cumplimiento de tu deseo. La intuición ayudará a la interpretación, y solicita también el apoyo del consultor.

Consultor: Comunica al consultante que el hecho de saber en qué estado se encuentra la voluntad para cumplir el deseo le abrirá muchos caminos y podrá meditar sobre la forma de concretarlo.

Consultante: Si decides conservar un deseo ajeno a tu ser, realiza el mismo rito: colócalo bajo una vela para saber el estado de la voluntad y así tener claros los caminos tomados.

Consultor: Explica al consultante que, si desde el inicio aparece el símbolo del deseo real, acompañado de la voluntad del camino recto, sin importar el tiempo que lleve, ese deseo se cumplirá, a menos que cambie de decisión. De ser así, el consultante puede tener la certeza de morir en paz porque habrá cumplido la misión. El deseo real siempre estará relacionado con la misión, aun cuando él o ella no lo entienda en un principio.

Consultante: No es posible preguntar por más de dos deseos. Quien necesita hacerlo no sabe con claridad lo que quiere. En ese caso, procura reflexionar antes de llegar al oráculo pues, de encontrarse inestable tu energía, la respuesta no será confiable.

TERMINACIÓN DE LA SESIÓN DE LECTURA

Consultor: Al terminar la sesión, toca la campana y antes de que el consultante se levante, apaga la vela. La vela es la claridad para él o ella y si no la apagas, su confusión enturbiará la luz.

Este oráculo no sirve si no hay claridad, por lo menos una claridad parcial, en la consulta. Ningún oráculo resuelve vidas, únicamente da direcciones. Los deseos son el motor del ser humano y, mientras esa conciencia no exista, el oráculo no servirá. Asegúrate de que el consultante vista de blanco y en verdad necesite saber qué ocurre. Si se trabaja sin una intención específica, no vale la pena perder el tiempo. Para obtener un mejor resultado, hay que concentrar la energía. La confiabilidad de este oráculo depende casi exclusivamente de la voluntad del consultante.

Respecto a las cartas, guárdalas en una pieza de tela blanca de origen natural como algodón, lino o seda. Si se trató de un caso difícil, es conveniente dejarlas al sol un rato antes de guardarlas. También conviene cerrar el aura antes de usarlas porque este trabajo puede implicar mucha energía tanto de quien lo maneja como del consultante.

Colorea el mandala y disfruta estos momentos en serenidad.

Colorea el mandala y disfruta estos momentos en serenidad.

14. Lecturas para conocer la naturaleza de nuestro deseo

Deseo real y voluntad a favor

Un deseo real que está en camino de cumplirse. No hay conflictos y, sin importar el tiempo que requiera o la dificultad del camino, se cumplirá y traerá la felicidad del consultante.

Deseo real y voluntad en conflicto

Un deseo real que puede no cumplirse porque la voluntad para cumplirlo no está clara. Para que se cumpla sólo hay que tener fe en el propio poder. Normalmente esta lectura habla de falta de autoestima.

Creer en uno mismo y en su capacidad hará posible cumplir este deseo. Por otro lado, continuar en este estado causará conflictos de frustración.

Deseo real y voluntad en contra

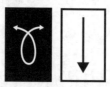

Esta lectura significa que se tiene miedo a ese deseo, pero al mismo tiempo no se puede renunciar a él, ya que es el deseo real y único del ser. El problema es que hay un autosabotaje, todo lo que se hace está en contra de uno mismo, lo cual es peligroso porque puede ser el origen de enfermedades serias y de mucha infelicidad. La voluntad tiene que cambiar y hay que vencer el miedo o las consecuencias serán muy graves.

Deseo real y voluntad confundida

Esta lectura nos habla de que el consultante no cree que ese deseo sea suyo, no lo reconoce como tal. En ese caso se denota el desconocimiento de sí mismo y de sus capacidades. Conocerse es el principio de amarse. La fe en sí mismo y la reflexión sobre quién se es, hará posible el deseo. Cuando la primera carta no es la del deseo verdadero, hay que sacar una segunda del mismo mazo. En tal caso, las posibles combinaciones son las siguientes.

Deseo de los padres, voluntad a favor y deseo propio

Se trata de un deseo que, aunque en un principio fue impuesto por los padres, se ha vuelto propio y hará profundamente feliz al consultante. La voluntad está en la mejor posición para cumplirlo y, en general, es una bendición que finalmente hará felices a muchas personas.

Deseo de los padres, voluntad en conflicto y deseo propio

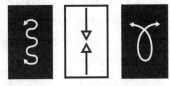

Aquí se muestra un conflicto familiar. Se sabe que el deseo proviene de los padres, pero se cuestiona el modo en que se relaciona con el del consultante.

Difícilmente podrá realizarse el deseo si no se resuelve antes el conflicto familiar, o bien, si no se resuelve la sensación de imposición, que en este caso es más una idea que una realidad.

Deseo de los padres, voluntad en contra y deseo propio

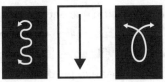

En esta lectura también se muestra un conflicto familiar muy importante. En realidad, el ser va en contra suya por ir en contra de sus padres o familiares. Esto puede suceder de manera inconsciente. Lo recomendable es recordar que los padres no se equivocan ni aciertan siempre.

Dejar de ponerlos como el centro de nuestra vida nos permite descubrirnos más fácilmente, es la única forma de desarrollarnos.

Deseo de los padres, voluntad confundida y deseo propio

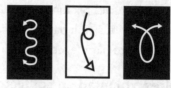

En esta lectura no se reconoce el deseo como propio, se considera una imposición familiar. Es importante percatarnos de que es realmente nuestro y que afectamos más nuestras relaciones familiares al permanecer indecisos que al realizar el deseo. Sólo así podrá cambiar nuestra voluntad de materializarlo.

Deseo de los padres, voluntad a favor y deseo de la razón

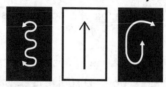

En esta lectura tenemos claro que la voluntad trabaja para satisfacer los deseos de otros y que estamos convencidos de ello, pero no tomamos en cuenta nuestras emociones u otros aspectos de nuestra vida. Esto provoca una enorme frustración que entraña preguntarnos: "¿Por qué si he hecho todo lo que se esperaba de mí y he actuado como debía, no tengo lo que quiero o mi vida no es lo que esperaba?". Los deseos de este tipo sí se realizan, pero ello pero no satisface al consultante y puede causarle depresión.

Deseo de los padres, voluntad en conflicto y deseo de la razón

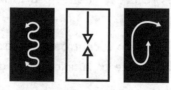

Esta lectura nos dice que la intuición del consultante está funcionando. Le advierte que esto no es lo que en realidad quiere. Difícilmente se realizará este deseo y es mucho mejor desecharlo, porque puede provocar frustración.

Deseo de los padres, voluntad en contra y deseo de la razón

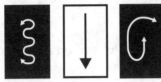

Esta lectura demuestra que el interior del ser tiene clarísimo que no debe cumplir ese deseo porque no es suyo. Lo único que puede hacerse es desecharlo. Jamás se realizará.

Deseo de los padres, voluntad confundida y deseo de la razón

Esta lectura demuestra un conflicto muy profundo, sobre todo porque se teme herir a los padres o defraudarlos. Se tiene que centrar la atención en el verdadero deseo del ser y dejar a un lado todas las ideas de obediencia que hemos desarrollado en la vida.

Deseo de los padres, voluntad a favor y deseo de vidas pasadas

Aquí se demuestra no sólo que este deseo no pertenece al ser, sino que cumplir deseos de los padres antes que los suyos ha sido una constante a lo largo de la vida de muchos y que si no se logra resolver dicha cuestión en esta se cargará también en la siguiente. El deseo se cumplirá casi sin esfuerzo, pero no hará feliz a quien lo logre. Al poner la voluntad al servicio del deseo de los padres hay una anulación de sí mismo.

Deseo de los padres, voluntad en conflicto y deseo de vidas pasadas

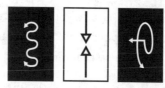

Esta lectura refleja un conflicto de voluntad basado en culpas que se cargan de otras vidas, y que están relacionadas con el acto de cumplir o no los deseos de los padres. Este deseo no se cumplirá y es mejor que sea así, ya que representaría concretar un eslabón más de una cadena que pesa sobre el cuerpo desde hace cientos de años.

Deseo de los padres, voluntad en contra y deseo de vidas pasadas

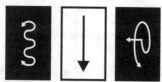

La presente lectura es sobrecogedora y preocupante. Hablamos de un problema que se carga desde hace muchas vidas con respecto a los padres y a la familia. No hay voluntad alguna de realizar este deseo y, evidentemente, la pregunta sería: ¿por qué el consultante considera esto un deseo que quiere cumplir? La respuesta tiene que ver con la falta de conocimiento de sí mismo y la incapacidad para escucharse. La persona se ha abandonado.

Deseo de los padres, voluntad confundida y deseo de vidas pasadas

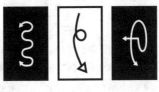

Una lectura así refleja que una parte del ser sabe que cumplir esta acción es una equivocación, pero hay un conflicto porque en el fondo quiere proteger a los padres de la decepción. Esta ha sido una actitud recurrente a lo largo de varias vidas. Es mejor deshacerse de ese deseo y centrarse en uno mismo. Tener regresiones a vidas pasadas ayuda a encontrar respuestas. En este caso el ser sabe que no quiere cumplir el deseo, pero no reconoce su voluntad porque no quiere entrar en conflicto con sus padres.

Deseo de los padres, voluntad a favor y deseo de la sociedad

Esta lectura es de alguien para quien su vida consiste en complacer a los demás y no tiene idea de lo que quiere. Nunca se ha enfrentado a sí mismo y siente que si cuestiona a sus padres, a la religión o a la sociedad, perderá todo sustento. Vive para otros y realiza lo que esos otros esperan. Hablamos de un gran problema de autoestima y de falta de conocimiento del ser. Hay un enorme camino por recorrer para cambiar la voluntad y aprender a dejar de poner a los demás antes que a uno mismo.

Deseo de los padres, voluntad en conflicto y deseo de la sociedad

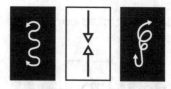

Esta lectura refleja que la intuición de la persona le avisa de un peligro: el de olvidarse a sí mismo por complacer a los demás. El deseo es un signo de alarma que debe llevar a la reflexión inmediata sobre quién se es y qué vida se quiere llevar. Es un deseo que hay que desechar.

Deseo de los padres, voluntad en contra y deseo de la sociedad

Aquí vemos que hay una voluntad muy clara de no cumplir con los deseos de los demás.

No se siente necesidad de cumplir este deseo, el cual es imposible porque no existe la voluntad de hacerlo. Lo interesante es que muestra una oportunidad única para crear nuevas maneras de relacionarse con uno mismo y con los demás.

Deseo de los padres, voluntad confundida y deseo de la sociedad

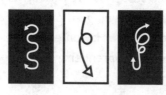

Indica que ya hay un conocimiento del ser, pero al mismo tiempo una enorme inseguridad.

Los deseos de este tipo no son sinceros y son ejemplo de la incapacidad de decisión relacionada con el miedo a hacerse responsable de la propia vida.

Deseo de la razón, voluntad a favor y deseo real

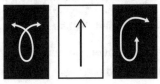

Esta lectura refleja un deseo que se fundamentó en una idea, pero que resuelve las necesidades del ser.

La voluntad se encuentra en el camino correcto hacia la realización y aunque no llenará todos los aspectos de la vida del consultante, el deseo le traerá consecuencias muy positivas.

Los deseos de esta naturaleza son muy intelectuales y en muchos casos han traído avances científicos, filosóficos o culturales a la humanidad.

Deseo de la razón, voluntad en conflicto y deseo real

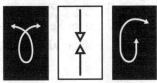

En esta lectura el conflicto es completamente interno, el deseo no se realiza y la voluntad entra en conflicto porque el ser tiene miedo o dudas sobre sus ideas.

Sólo la reflexión y el convencimiento hacen posible el cambio de la voluntad.

Deseo de la razón, voluntad en contra y deseo real

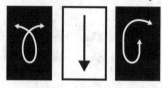

Aquí la persona muestra una actitud autodestructiva. Su trabajo intelectual no la satisface y teme mucho enfrentarse a sus ideas y realidades.

Se trata de un autosabotaje claro.

Es recomendable que se acerque más a sus emociones y entienda por qué quiere sabotear un deseo real. ¿Qué se gana con ello?

Deseo de la razón, voluntad confundida y deseo real

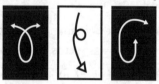

En esta lectura lo que podemos ver es que el consultante no encuentra el camino para cumplir el deseo porque no cree que este o que la idea que lo generó sean suyas.

Se aprecia desconfianza en su capacidad intelectual o en la validez de sus pensamientos. Esto sucede sobre todo con quien se siente inculto o menos valorado por su intelecto. Sin el trabajo de la fe en sí mismo y sin el trabajo de cambiar su voluntad, el deseo nunca se cumplirá.

Deseo de la razón, voluntad a favor y deseo de los padres

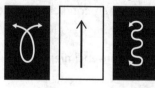

Con estas cartas el ser pone toda su voluntad y energía en seguir las ideas aprendidas en el seno familiar.

No ha encontrado su propia voz. Este deseo, al cumplirse, lo único que logrará es anular la esencia del ser y perdurar su actitud de vivir para otros o bajo las ideas de otros.

Deseo de la razón, voluntad en conflicto y deseo de los padres

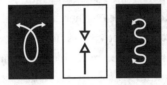

Con esta lectura la persona demuestra que no cree en las ideas que su familia intenta imponerle.

Empieza a cuestionarlas y con ello se acerca a la posibilidad de encontrar su propia voz interior. Lo importante es ser consciente de que este no es un deseo real y sólo lo busca porque lo ha aprendido; al cuestionarlo a profundidad se dará cuenta de que no vale la pena esforzarse por él.

Deseo de la razón, voluntad en contra y deseo de los padres

Este deseo no le pertenece al consultante; además, es una carga que no quiere asumir. No hay necesidad de cuestionarlo, de antemano se sabe que realizarlo es ir en contra de sí mismo y cumplir con una idea impuesta por los padres.

Deseo de la razón, voluntad confundida y deseo de los padres

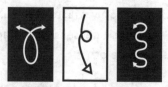

Con estas cartas se manifiesta una persona que, a pesar de saber, de manera consciente o inconsciente, que su deseo es una idea impuesta por sus padres, busca la manera de realizarlo. Sin embargo, en realidad es un acto conflictivo que no reportará ningún beneficio a su crecimiento personal. Por más difícil que parezca, lo mejor que puede hacer el consultante es deshacerse de él.

Deseo de la razón, voluntad a favor y deseo de vidas pasadas

Esta lectura descubre que la energía y la voluntad del consultante están en cumplir un deseo cuyo fundamento es una idea que proviene de otra vida. En estos casos la cuestión no es tanto realizar o no el deseo, sino saber si esa idea sigue teniendo el sentido que queremos para nuestra vida o lo seguimos buscando por inercia.

Deseo de la razón, voluntad en conflicto y deseo de vidas pasadas

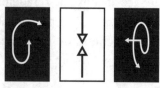

Nuestra intuición nos hace dudar de si vale la pena o no realizar un deseo que proviene de ideas antiguas. Vale la pena cuestionar y meditar sobre el asunto, porque el camino puede ayudar a resolver problemas que son parte de nuestra rueda kármica desde hace siglos.

Deseo de la razón, voluntad en contra y deseo de vidas pasadas

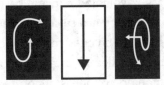

Aquí el ser interior del consultante rechaza la idea de otras vidas que sustenta este deseo. Es necesario reflexionar para saber si ese rechazo se debe al miedo o a que esa idea ha perdido vigencia para él o ella. La honestidad con nosotros mismos es la clave para resolver este deseo. No hay manera de realizarlo, aunque fuera conveniente para el consultante, en tanto la voluntad no cambie por medio del convencimiento propio.

Deseo de la razón, voluntad confundida y deseo de vidas pasadas

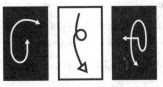

Las ideas del pasado pueden ser profundamente confusas. Esta lectura muestra una duda existencial del ser frente a una idea proveniente del pasado que justifica un deseo de la vida presente.

La mejor manera de resolver este deseo, tanto para desecharlo como para realizarlo, es hacer una regresión a la vida en la que se gestó esa idea.

Deseo de la razón, voluntad a favor y deseo de la sociedad

Esta lectura muestra una voluntad enorme para cumplir un deseo basado en una idea social; por tanto, su cumplimiento es bastante fácil, pero su resultado y su huella en nuestro crecimiento resultan superficiales. Normalmente estos deseos están relacionados con cambios físicos acordes a la moda o con ideas poco profundas y debatibles. Actuar en pro de este deseo es desperdiciar energía.

Deseo de la razón, voluntad en conflicto y deseo de la sociedad

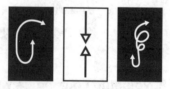

Esta lectura habla de una idea social que genera conflicto en la persona. No le permite verse a sí misma, obstruye su relación con ella. Antes de decidir qué hacer con el deseo, debe haber un cambio geográfico urgente: de país, de región o de ciudad, temporal o no; sin ese cambio será difícil resolver el conflicto. Es recomendable reflexionar cerca del mar para encontrar la voz propia.

Deseo de la razón, voluntad en contra y deseo de la sociedad

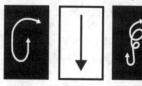

Este deseo no tiene razón de existir. Está basado en ideas de la sociedad y no contacta en ningún momento con el ser.

No tiene opciones para su realización y no hay necesidad de él. Es lo mismo que no tener ninguno.

Deseo de la razón, voluntad confundida y deseo de la sociedad

Una lectura como esta planea un cuestionamiento importante sobre el espacio y la sociedad. Son deseos que contradicen las ideas de su tiempo o las ideas del individuo.

Por lo común los deseos de este tipo los plantean individuos que, al terminar su cuestionamiento, realizarán importantes cambios en la sociedad.

Por ejemplo, lucha por derechos civiles, cambios en las leyes de un país o cambios ideológicos importantes.

Deseo de vidas pasadas, voluntad a favor y deseo real

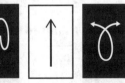

Esta lectura manifiesta un deseo que tiene muchas vidas intentando cumplirse, pero esta vez se hará realidad y llevará a la persona a uno de los momentos más importantes de la rueda kármica.

Es una lectura de gran esperanza y llena de luz.

Deseo de vidas pasadas, voluntad en conflicto y deseo real

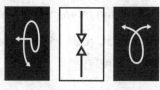

Estas cartas muestran a un ser que tiene varias vidas y que va en contra de sus deseos verdaderos y de su verdadera esencia. La lectura puede demostrarle que necesita aceptarse a sí mismo. Con ello, realizará deseos largamente acariciados y sumamente importantes para su desarrollo espiritual, mental y emocional.

Deseo de vidas pasadas, voluntad en contra y deseo real

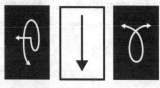

Esta es otra lectura que nos habla de un ser autodestructivo, que lleva muchas vidas luchando en contra de sí mismo. Aquí es recomendable guardar el deseo y empezar un largo camino de autoestima. Sólo la valoración de uno mismo puede traer la solución de un problema que se carga desde hace muchos siglos y se basa en el temor de conocerse a sí mismo.

Deseo de vidas pasadas, voluntad confundida y deseo real

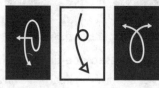

Una lectura así se refiere a alguien que ha huido de este deseo por muchas vidas y que sigue sin encontrar cómo realizarlo, básicamente porque no quiere verlo como una necesidad. Es un caso raro ya que muestra más miedo que deseo de ser feliz y esto es reflejo de una enorme inmadurez o de un chantaje a otra persona.

Deseo de vidas pasadas, voluntad a favor y deseo de los padres

En este caso el consultante está trabajando para satisfacer a sus padres desde hace muchas vidas. Eso comúnmente desencadena enferme-dades cardiacas, pues genera tristeza y frustración, dado que no se trabaja para uno mismo. Es muy probable que se haya trabajado por tanto tiempo, que ya no se es consciente de la labor. De hecho, quizá se esté convencido de lo contrario.

Este deseo va a cumplirse, pero su realización no ayudará al crecimiento personal. En cambio, si se desecha o se cuestiona, puede encontrarse la solución a un problema que se ha cargado desde hace muchísimo tiempo.

Deseo de vidas pasadas, voluntad en conflicto y deseo de los padres

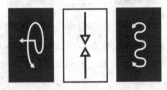

La intuición está funcionando. Un deseo impuesto por los padres en otras vidas provoca que el ser no pueda entrar en contacto consigo mismo. Pero hay una intuición, una posibilidad de que por fin encuen-tre su voz.

En este caso es recomendable visualizar vidas pasadas y enfrentar problemas que llevan mucho tiempo sin resolverse. También será de ayuda purificar la vida cotidiana y el cuerpo. Que se cumpla o no el deseo es lo de menos, es más importante el proceso de resolución del ser.

Deseo de vidas pasadas, voluntad en contra y deseo de los padres

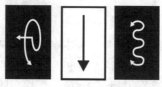

Este deseo va en contra de lo que realmente quiere el ser y es una constante desde hace varias vidas. La voluntad no está en posición de realizarlo. La pregunta es: ¿por qué un ser puede sentir un deseo como este?

Deseo de vidas pasadas, voluntad confundida y deseo de los padres

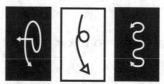

En este caso encontramos un deseo que entra en conflicto con la idea de cómo deben ser los padres, o bien con ideas muy antiguas sobre lo que es ser un buen hijo o la culpa de no serlo. Este conflicto se ha cargado desde hace muchas vidas sin que se encuentre la manera de resolverlo. Por lo común hay que cambiar el concepto de padre y madre.

Se recomienda la visualización de vidas pasadas y el proceso de perdón a los padres de esta vida.

Deseo de vidas pasadas, voluntad a favor y deseo de la razón

Esta lectura demuestra un deseo que proviene de otras vidas, no del interior del ser. Su realización es completamente posible. No es un deseo que proporcione un enorme crecimiento espiritual, pero puede ser una necesidad que se ha tenido durante mucho tiempo. Poner la voluntad al servicio de lo que se pensó hace tanto tiempo no es lo más útil, pero esta decisión depende del libre albedrío del consultante..

Deseo de vidas pasadas, voluntad en conflicto y deseo de la razón

Esta lectura muestra un deseo que no puede cumplirse porque hay ideas de vidas anteriores que provocan que entremos en conflicto. Nada podrá resolverse sin visualizar vidas pasadas y sin emprender un camino de purificación. Esto puede ser el inicio de un proceso de enfermedad de hígado y riñones, porque no se es capaz de separar lo que envenena de lo que alimenta, en todos los sentidos.

Deseo de vidas pasadas, voluntad en contra y deseo de la razón

Esta lectura no muestra un deseo, sino una idea que ha paralizado al ser desde hace muchas vidas. Es una situación angustiante y un problema por resolver.

Hay un enorme miedo de actuar en el sentido que el ser necesita en realidad y resulta fácil caer en círculos viciosos y emociones destructivas. Se requiere comenzar un proceso de visualización de vidas pasadas y de perdón. No puede retrasarse el enfrentamiento con la realidad.

Deseo de vidas pasadas, voluntad confundida y deseo de la razón

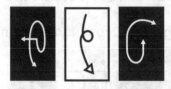

Esta lectura muestra una confusión proveniente de ideas gestadas hace muchas vidas. Este no es un deseo verdadero, es más una duda existencial. Únicamente la meditación y la reflexión pueden llevar al consultante de regreso al camino de sí mismo. También puede ayudar mucho un proceso de mejora de la autoestima.

Deseo de vidas pasadas, voluntad a favor y deseo de la sociedad

Esta lectura nos habla de alguien que está poniendo su energía y voluntad al servicio de valores sociales que provienen de otras vidas: por ejemplo, alguien que fue perseguido por defender derechos civiles o por atacar a una sociedad en otro tiempo y que en esta vida quiere cumplir ese deseo, de manera consciente o inconsciente.

El problema es que el deseo ya no está cerca, ya no le pertenece al ser y si reflexiona sobre él de manera cuidadosa y consciente, quizá se dé cuenta de que ya no es necesario gastar su empuje en realizarlo.

Deseo de vidas pasadas, voluntad en conflicto y deseo de la sociedad

Esta lectura habla de un deseo que causa un conflicto en el consultante pues proviene de ideas de una sociedad que le persiguió en otro tiempo. Sin embargo, evidentemente ya no es un deseo cercano a su ser, por lo que algo en su interior se rebela contra su existencia. La mejor manera de resolverlo es por medio de la visualización de vidas pasadas.

Deseo de vidas pasadas, voluntad en contra y deseo de la sociedad

Este deseo es algo que nuestra voluntad rechaza por completo. No podrá realizarse porque en realidad no queremos hacerlo. Es algo que debía hacerse en otra vida, pero que no tiene sentido alguno en nuestra vida actual. Es necesario desecharlo.

Deseo de vidas pasadas, voluntad confundida y deseo de la sociedad

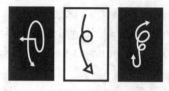

Este deseo es producto de una confusión que se ha cargado a lo largo de muchas vidas.

Y la confusión tiene que ver con los valores sociales que nos han sido impuestos tanto en vidas pasadas como en la actual. El deseo no debe cumplirse porque manifiesta una necesidad de liberación de las normas sociales y un acercamiento al ser.

Un proceso de purificación sería un buen inicio para encontrarse de nuevo. Es muy necesario viajar a culturas distintas o a países con sociedades liberales.

Deseo de la sociedad, voluntad a favor y deseo real

Este deseo se basa en la necesidad de incidir, mejorar o cuestionar la sociedad en la que se vive. Su realización es sumamente importante porque logrará cambios sociales a nivel de conciencia no solo en quien lo realice, sino también en quienes lo rodean.

Estos deseos pueden traer cambios internos en la sociedad, como la conciencia por el medio ambiente, el respeto a los que son diferentes o la conciencia de la problemática de otros; como consecuencia, tanto inmediata como a largo plazo, trae cambios permanentes en la vida de las personas.

Deseo de la sociedad, voluntad en conflicto y deseo real

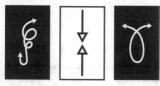

El consultante afronta un conflicto basado en la imagen o la posición que la sociedad le impone.

Al cumplir este deseo se complacerá a alguien y no hay seguridad de querer hacerlo, aunque al mismo tiempo se pierde de vista que es un deseo creado por el mismo ser.

Lo más recomendable es iniciar un proceso de meditación y de reflexión, de preferencia fuera del lugar donde se vive actualmente.

Vale la pena reflexionar sobre la imagen que se quiere tener de uno mismo y el lugar que se quiere ocupar en la sociedad. También son recomendables los viajes, cortos o largos, a sociedades con culturas diametralmente opuestas, para comparar y conocer otras perspectivas y valores sociales.

Deseo de la sociedad, voluntad en contra y deseo real

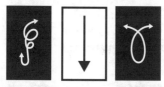

Hay un miedo, consciente o inconsciente, provocado por las posibles repercusiones de este deseo en la sociedad que rodea al consultante.

Si no se vence ese miedo, este deseo no se realizará y es importante hacerlo, no sólo para el consultante, sino para quienes lo rodean. Se recomienda un periodo de meditación y reflexión, así como identificar el miedo que afecta al consultante y su porqué.

Deseo de la sociedad, voluntad confundida y deseo real

Dado que proviene de valores sociales ajenos al consultante, esta lectura nos muestra a alguien que no puede reconocer este deseo como propio.

El camino para resolverlo debe pasar por un proceso de auto-afirmación, confianza en sí mismo y conciencia de su ser.

Deseo de la sociedad, voluntad a favor y deseo de los padres

Este ser está dispuesto a no enfrentar su vida. Se apoya únicamente en las costumbres sociales y en la voluntad de sus padres, sin atreverse a ser él mismo.

Deseo de la sociedad, voluntad en conflicto y deseo de los padres

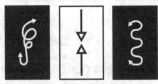

Esta lectura indica que hay conciencia de que se actúa sometido, pero existe una gran inseguridad para salir del círculo vicioso. La indecisión y el miedo hacen que el consultante no sea responsable de su vida.

Deseo de la sociedad, voluntad en contra y deseo de los padres

En esta lectura el ser ya ha entendido que no necesita satisfacer los deseos de los demás y empieza a relacionarse con él mismo. Su voluntad demuestra que no aceptará más imposiciones.

Deseo de la sociedad, voluntad confundida y deseo de los padres

Peligro. Esta lectura indica que el ser puede olvidarse de sí mismo si sigue aceptando lineamientos sociales transmitidos por sus padres. Es necesario reflexionar sobre estos temas y desechar el deseo.

Deseo de la sociedad, voluntad a favor y deseo de la razón

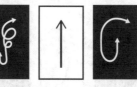

Este ser acepta las imposiciones sociales de una manera muy razonada y pone toda su voluntad para lograrlo. No florecerá su interior y seguirá viviendo como le han dicho. Quiere cumplir un deseo relativo a imposiciones sociales y tiene la voluntad de que se realice, pero el resultado es superficial y en absoluto ayudará a su ser interior.

Deseo de la sociedad, voluntad en conflicto y deseo de la razón

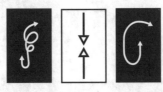

Esta lectura indica que el consultante se siente abrumado por su entorno y asfixiado por la sociedad que lo rodea; necesita un cambio profundo. Debe cambiar radicalmente de espacio para recuperarse y reflexionar.

Deseo de la sociedad, voluntad en contra y deseo de la razón

El ser ya no acepta más cargas y sabe que este deseo no es suyo ni debe realizarse porque no tiene que ver con su esencia.

Deseo de la sociedad, voluntad confundida y deseo de la razón

Aquí el deseo resalta una profunda necesidad de transformar lo establecido, de innovar las imposiciones sociales que no concuerdan con las ideas personales. Al entenderlo puede encontrar nuevas formas, por ejemplo, de enfrentar las leyes o de cambiar ideologías.

Deseo de la sociedad, voluntad a favor y deseo de vidas pasadas

La sociedad le impone a esta persona una forma específica de comportamiento, pero no se atreve a liberarse por temores adquiridos a lo largo de sus vidas pasadas. Es necesario que reflexione para darse cuenta de que no tiene por qué someterse ni vivir con miedos que minan su energía.

Deseo de la sociedad, voluntad en conflicto y deseo de vidas

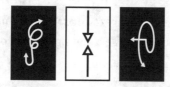

La reflexión acerca del deseo, de los beneficios o contrariedades de vivir en una sociedad, tendrán que aclararse a conciencia para no sentir emociones encontradas que provienen de vidas pasadas. La persona se rebela contra este deseo.

Deseo de la sociedad, voluntad en contra y deseo de vidas pasadas

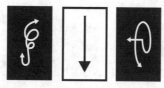

No vale la pena invertir energía en este deseo, pues nunca se realizará. Las imposiciones de la sociedad y las formas de conducta aceptables para esta ya han sido rechazadas por experiencias de vidas pasadas. Lo mejor es desechar este deseo.

Deseo de la sociedad, voluntad confundida y deseo de vidas pasadas

Aunque prevalezca la confusión, esta persona siente la necesidad de liberarse de las normas sociales de vidas pasadas y actuales. Esto indica un acercamiento a su ser, es importante valorar el inicio del camino de conciencia.

Nota: En caso de que aparezca dos veces el mismo símbolo en el oráculo de los deseos, se refuerza el significado de la carta repetida.

15. Lecturas para quienes no conocen o dudan de su deseo

El acorde que forman las notas re, la bemol y do, ayuda a despertar el interior del ser, por lo que son de gran utilidad en este tipo de lecturas.

Estas lecturas se hacen únicamente con el mazo de los deseos y contestan una sola pregunta: "¿Por qué no me estoy conectando conmigo para desear?" o bien: "¿Cuál es la razón de mi miedo a la responsabilidad del deseo?".

Las lecturas posibles son las presentadas a continuación.

Deseo real

El problema del deseo está en el ser mismo. Se trata de un problema único: el propio consultante; no desea porque no quiere, eso es todo.

Es el deseo más fácil de resolver y, sin embargo, el que menos gente resuelve.

Deseo de los padres

El deseo está reprimido por influencia familiar. Es recomendable un alejamiento de la familia o de las personas que la representan hasta que se descubra el deseo.

Deseo de la razón

Esta carta significa que se está pensando, no deseando; es decir, hay una reflexión intelectual tan grande que se paraliza la acción misma del deseo. En este caso la mente es la que provoca el problema y la solución consiste en dejar de pensar y actuar.

Deseo de vidas pasadas

La aparición de esta carta significa que hay por lo menos cinco vidas en las que no se ha asumido la responsabilidad de desear; hay que ir a la última vida en la que se deseó y encontrar por qué se generó el miedo a desear. Esta es una solución tajante, pero muy real.

Deseo de la sociedad

El consultante creció en un ambiente en el que los deseos no eran lo primordial o debían ser reprimidos. El conflicto en este caso es fácil de resolver: lo único que se necesita es alejarse de donde se vive, ir a la soledad y encontrar el deseo.

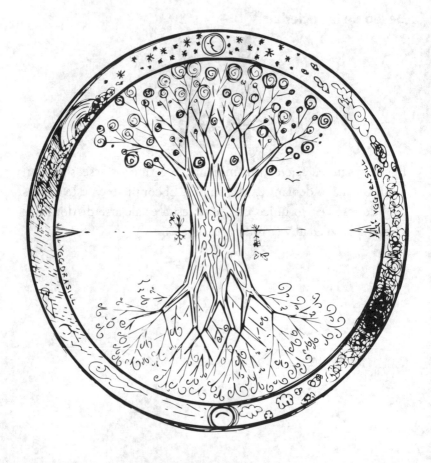

Colorea el mandala y disfruta estos momentos en serenidad.

PARTE 4

LAS CONSECUENCIAS
DE LOS DESEOS

Colorea el mandala y disfruta estos momentos en serenidad.

16. Las consecuencias de nuestros deseos

Cuando los dioses cumplen los deseos
los hombres tiemblan.

Pensar en las consecuencias de nuestros actos es parte de la lógica absoluta pero, desafortunadamente, es algo que rara vez se considera en la visualización de los deseos.

Por ejemplo, si deseamos sacarnos la lotería, no pensamos que tendremos que pagar una cantidad enorme de impuestos o que muchas personas nos tratarán de manera distinta. Si deseamos cambiar de trabajo para mejorar nuestro salario, no tomamos en cuenta que quizá disfrutaremos menos tiempo libre.

No ver las consecuencias de nuestros deseos equivale a manifestar la idealización que hacemos de las situaciones. Mas que dejar de desear, esto significa incluir las consecuencias que nuestros deseos tendrán en lo que esperamos de ellos.

En parte, la madurez implica aprender a hacerse responsable de lo que se desea y apreciar los cambios que un deseo puede ocasionar. Sí, tiene lógica, pero es necesario asumirlo.

Todo causa un efecto. La cuestión es: ¿realmente se busca tanto lograr un deseo como para aceptar plenamente sus consecuencias? ¿O serán estas un obstáculo para disfrutar la realización del deseo?

Es fundamental plantearse este cuestionamiento, mismo que puede convertirse en un arma de doble filo, al impulsar a la persona a decidir dejar de desear por temor a las consecuencias.

¿Cómo repercuten los deseos? ¿Cómo repercute un pensamiento? Las respuestas a estas preguntas pueden ser tan variadas como seres humanos hay en el mundo. Lo mejor es encontrar la respuesta para cada uno de nosotros y eso depende de que reflexionemos en profundidad y de hasta dónde queremos ir.

Para poder llegar a esta reflexión de manera ordenada, una vez que sepamos cuál es nuestro deseo real, el primer paso será pensar qué imágenes y emociones nos invaden cuando lo visualizamos. Recordemos que tanto el pensamiento como las emociones determinan al ser humano y producen consecuencias, incluso físicas.

Una persona que se angustia o que entra en estado de ansiedad al visualizar su deseo, demuestra que no se siente capaz de afrontar las consecuencias que este conlleve. En ese caso, no hay que renunciar a un deseo real proveniente del ser, pues eso trae desdicha y frustración. Más bien, lo que hay que cambiar es la actitud que adoptamos ante las consecuencias.

Si asumimos las repercusiones de nuestros deseos como una carga, en efecto, serán una carga; si las tomamos como una forma de aprender, la perspectiva cambia por completo.

Veamos los ejemplos anteriores desde un punto de vista distinto.

Alguien que gana la lotería y sabe que le cobrarán muy altos impuestos, puede decidir hacer donaciones para emprender actividades artísticas o culturales o a organizaciones de ayuda humanitaria que, además de liberarlo del pago de tantos impuestos, realizarán valiosas labores por el bienestar de su comunidad. De tal forma, entrar en contacto con este tipo de trabajo puede desarrollar su parte más humana y convertir el pago de impuestos en una hermosa razón para estar en el mundo.

Quien al cambiar de trabajo deja de tener tanto tiempo libre, aprende a organizarse mejor y a ser más eficiente, con lo que cambiará también su imagen de sí mismo. El deseo habrá cumplido una función mucho más relevante que la de obtener más recursos económicos.

Tengamos siempre presente que los pensamientos contradictorios causan confusión mental y con eso, evidentemente, el cuerpo no sabe hacia dónde moverse, ni encuentra cómo resolver la confusión porque recibe órdenes distintas: "Adáptate", "No te adaptes", "Sé pero no seas"… Una situación de este tipo es la de una madre que le dice a su hijo "Te quiero", pero después lo trata como si fuera un inútil; como es natural, el niño no sabe qué es y qué no es verdad. Eso traería consecuencias explosivas en el aspecto físico. Desear algo y quejarse de ello cuando se realiza puede provocar que se pierda o, lo que es peor, que no se disfrute.

Las consecuencias de nuestros deseos pueden ser una ganancia extraordinaria o una desilusión total, según nuestra actitud ante ellos. Visualizar un deseo con todas sus posibles consecuencias ayuda a poner la energía en la dirección correcta para su realización.

Procura no lanzar deseos que cuando se cumplan te sean molestos. De igual manera, no es recomendable desear a tontas y a locas: primero una cosa y luego lo opuesto; así, el cuerpo enferma y hay muchos posibles resultados, como una cirugía. En conclusión, conseguir tus deseos y después contradecirlos siempre tendrá repercusiones en tu cuerpo físico.

Por ello hay que aclarar el pensamiento y saber qué es lo que se quiere; "Quiero todo lo que pedí", solemos pensar; el asunto es ser capaz de lograrlo.

Si conoces bien las consecuencias de lo que deseas, es muy improbable que después lamentes los resultados. Por eso, si alguien pide tener más trabajo y después se ve rebasado, o no está satisfecho en el aspecto personal ni en el profesional y se queja por verse forzado a trabajar más, tiene que aceptar las consecuencias de sus deseos. De no hacerlo, entra en contradicción y las ideas contradictorias no se resuelven.

La opción óptima es replantear los deseos, dejar que fluyan en línea recta y no contradecirlos. Este es uno de los pasos más significativos y más complejos a resolver. Y es que no es fácil entender que, al igual que las acciones, todo deseo provoca un efecto, el cual no siempre es amable. Aunque no lo creas, incluso ganar un Oscar o ser millonario llega a acarrear repercusiones desagradables en algún sentido.

Al empezar a cumplirse un deseo y a experimentar su impacto, la persona se inclina a pensar: "Ya no me gustan", "Ya no quiero lo que deseé". Sin embargo, el deseo ya se echó a andar y entonces busca detenerlo. Y sí, se detiene, pero tampoco le gusta que lo haya hecho. Lo cierto es que el impacto de todas maneras prevalece y la situación se convierte en un caos, en un ir y venir de energía que en algún lado tiene que centrarse.

Saber desear es el arma de la que el ser humano dispone para su propia creación como persona. De eso depende, de sus posibilidades de crear.

El deseo no implica sencillamente mandar una idea al Universo para que este responda; hemos de aprender a hacernos responsables de él y a comprender los cambios que puede ocasionar en nosotros mismos y en nuestro entorno. El trabajo primordial, el que realmente va a ayudar, es el relacionado con el cuerpo físico, pues todos los demás cuerpos giran en torno a él.

Por otra parte, es fundamental incorporar los diferentes elementos, es decir, identificar qué repercusión tendrían los deseos en Agua, Tierra, Aire o Fuego. Con ello se busca tener un orden de las repercusiones de lo que deseamos; ya que se dan en los cuatro elementos, es posible trabajar más en uno que en otro.

Ahora bien, los pensamientos complejos y los pensamientos que entrañan contradicción generan confusión mental; con ello, el cuerpo no sabe a dónde moverse ni cómo resolverlo porque en cada ocasión recibe órdenes distintas: "Adécuate", "No te adecues", "Sé, pero no seas".

Sabemos que todo acarrea consecuencias. Gran parte de los problemas y enfermedades físicos se debe a que no valoramos lo que acarrearán nuestros deseos (y acciones); de ahí que sea esencial poder diagnosticar las posibles consecuencias físicas de nuestro pensamiento, ya que, en conjunto con las emociones, este determina al ser humano.

La contradicción de los deseos es lo que va y viene y complica la existencia en la Tierra, por la dispersión de la energía. Centrémonos en lo que queremos para evitar lo que sucede con una parte de la generación de jóvenes en este momento: tienen que ser guapos, pero también cultos, experimentados y ricos. Cuando deben cumplir con tantas expectativas, dejan de ser ellos mismos. Por esta razón los budistas se basan en dejar de desear; al deshacerte de los deseos que no son tuyos puedes encontrar los reales. Ahora bien, una vez que encuentres los reales, ordénalos y no tengas infinidad de ellos porque la energía no sabrá hacia dónde moverse.

Pero, ¿cómo deshacerse de los deseos que no son propios? ¿Cómo quitarles lo superfluo? Si es un deseo que emana del fondo de tu ser: ¿realmente debes dejarlo de lado por no enfrentar cambios en tu vida cotidiana? ¿No sería más fácil cambiar tu voluntad frente a ellos? No se trata de detener el deseo, sino de aceptar lo que implica. Siempre habrá algún aspecto de él que no te parecerá y siempre habrá algo que ese deseo modificará en tu vida; a riesgo de parecer reiterativa, toma en cuenta que toda acción tiene consecuencias, la mayoría de las veces insoslayables. Por tanto, pon tu voluntad para que estas también se vuelvan agradables para ti o al menos las aceptes sabiendo que ya están ahí.

Veamos un ejemplo. Las personas suelen pedir abundancia en todos los aspectos. Eso significa que puede llegar abundancia económica, pero también abundancia en enfermedades, en problemas a resolver, en aspectos por cuidar, en asuntos de los que hay que hacerse responsable. Y esos efectos hay que aceptarlos, lo cual no significa que siempre serán negativos.

En la salud emocional obviamente pueden presentarse problemas todos los días y, por supuesto, con consecuencias físicas, pero la tónica dominante es la felicidad y la consecución de deseos para cumplir una misión. Con ello, las personas dejan la Tierra con la certeza de haber cumplido con su misión.

Cuando se desea hay que asumir el riesgo de que el deseo no se cumpla; de hecho, puede decidirse si cumplirlo o no. También se tiene todo el derecho de echarse hacia atrás si se piensa que lo que conseguirlo causaría es demasiado.

Si bien retroceder parece muy simple, es complicado, es una de las cosas más difíciles de lograr para los seres humanos. Decir "Esto siempre no" en muchos momentos y en muchos casos se toma como un un fracaso y genera frustración. Por supuesto, tal reacción es errónea porque sencillamente se cambia la dirección de la energía y del deseo de hacia dónde se dirigen las expectativas.

Al aprender a tener y ejercer deseos, es necesario tomar en cuenta que todos surgen de la decisión de aceptar otros deseos o de encontrarse a uno mismo, lo cual implica entender qué actitud se tiene frente a la vida. Si no aceptas deseos de otros, tu actitud es por completo distinta de la que tendrías al realizar deseos de vidas pasadas o deseos propios.

Son posturas y estructuras de pensamiento completamente distintas. Comprender que la manera como deseas equivale a la manera como vives; cómo deseas es cómo ves el mundo; cómo deseas es lo que tienes de la vida y es lo que obtienes de la vida.

Así como todo deseo causa un efecto, dar marcha atrás también los trae, y de muchos tipos. Si abandonas el deseo de emprender un trabajo determinado, dejas de ganar dinero.

Por siglos se ha sabido: cada acción tiene una reacción, es algo matemático y lógico. Puede haber mil tipos de repercusiones en lo que se refiere al quehacer del deseo mismo, pero también al deshacerte de él. Hablamos de deseos elementales: "Ya no quiero trabajar", "Ya no quiero esta pareja", "Ya no quiero vivir aquí", entre otros.

Pero, ¿qué ocurre cuando se trata de deseos fundamentales? En ese caso el asunto puede complicarse en gran medida. ¿Qué consecuencia tiene querer vivir en desamor? ¿Y deshacerte del deseo de vivir en desamor?

Es más fácil deshacerte de la idea de vivir en desamor, lo que trae muchas consecuencias físicas, emocionales y mentales que muchos no resisten, por lo que prefieren regresar al desamor que aprender a vivir en el amor. Vivir en desamor significa tener una visión bastante extraña de lo que es la vida pues no percibes el amor en ti ni el amor en los demás, y tampoco reconoces el entorno amoroso de la naturaleza. En otras palabras, nada reconoces.

El efecto más profundo de aprender a vivir en desamor, al que se llega después de que transcurren infinidad de vidas, es aprender a apreciar el amor, pero eso puede llevar muchas vidas y muchos golpes.

Las repercusiones de los deseos pueden ser inmediatas y posteriores, es decir, repercusiones en la energía universal. Hay quienes terminan por no querer desear nada para no sufrir consecuencias, sin darse cuenta de que esa decisión también las tiene.

Nuestra vida entera se basa en deseos de diferente intensidad y profundidad. Si un deseo es realmente complejo, la persona siente pánico de lo que pueda acarrear, pues sabe que implica asumir responsabilidades que prefiere evitar.

Elegir dar marcha atrás a un deseo puede deberse a varias razones. Por ejemplo, deseas algo de una manera y luego tienes que modificar algún aspecto por alguna razón; eso no implica cancelar el deseo, sino modificarlo, por lo que las consecuencias no son tan complejas como si lo hubieras desechado.

Es muy difícil hablarle a los seres humanos de las consecuencias de sus deseos, porque tienden a paralizarse y a no querer desear ni hacer nada; intuyen que tendrán que hacerse responsables y eso es algo que rehúyen.

El planteamiento de los deseos de los humanos es interesante pues pueden tener múltiples direcciones y múltiples derivaciones. Si bien esto ha caracterizado a muchas culturas, el hombre no ha comprendido que sus actos, haga o no haga algo, repercuten no sólo en su mundo inmediato sino en el Universo completo y que ello afectará sus decisiones en sus próximas vidas, en su estancia fuera de la Tierra o en su estancia con o sin cuerpo físico.

CARTAS DE LA VOLUNTAD

Voluntad en favor

Voluntad en conflicto

Voluntad en contra

Voluntad confundida

Deseo de la sociedad

Deseo de la sociedad

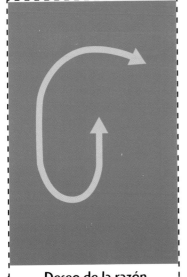

Deseo de la razón

Deseo de la razón

Deseo de vidas pasadas

Deseo de vidas pasadas

CARTAS DE LOS DESEOS

Deseo propio

Deseo propio

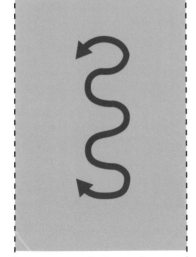

Deseo de los padres

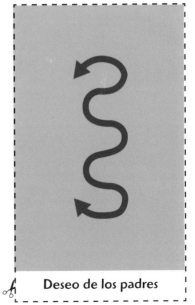

Deseo de los padres

Esta obra se terminó de imprimir
en noviembre de 2017, en los Talleres de

IREMA, S.A. de C.V.
Oculistas No. 43, Col. Sifón
09400, Iztapalapa, D.F.